U0785606

公路工程项目建设用地指标

主编部门：中华人民共和国交通运输部
批准部门：中华人民共和国住房和城乡建设部
中华人民共和国国土资源部
中华人民共和国交通运输部
施行日期：2011年12月1日

人民交通出版社
2011　北京

图书在版编目(CIP)数据

公路工程项目建设用地指标 / 中华人民共和国交通运输部主编. — 北京：人民交通出版社，2011.9

ISBN 978-7-114-09402-6

Ⅰ. ①公… Ⅱ. ①中… Ⅲ. ①道路工程 - 土地利用 - 指标 - 中国 Ⅳ. ①F321.1

中国版本图书馆 CIP 数据核字(2011)第 189579 号

Gonglu Gongcheng Xiangmu Jianshe Yongdi Zhibiao

书　　名：公路工程项目建设用地指标
著 作 者：中华人民共和国交通运输部
出版发行：人民交通出版社
地　　址：(100011)北京市朝阳区安定门外外馆斜街 3 号
网　　址：http://www.ccpress.com.cn
销售电话：(010)59757973
总 经 销：人民交通出版社发行部
经　　销：各地新华书店
印　　刷：北京市密东印刷有限公司
开　　本：850 × 1168 1/32
印　　张：5.125
字　　数：129 千
版　　次：2011 年 9 月　第 1 版
印　　次：2023 年 3 月　第 5 次印刷
书　　号：ISBN 978-7-114-09402-6
定　　价：36.00 元

关于批准发布《公路工程项目建设用地指标》的通知

建标〔2011〕124 号

国务院有关部门，各省、自治区、直辖市住房和城乡建设厅（委）、国土资源厅（局）、交通运输厅（委），天津市市政公路管理局，新疆生产建设兵团建设局、国土资源局、交通局：

根据建设部、国土资源部《关于印发〈2006 年工程项目建设用地指标制修订项目计划〉的通知》（建标函〔2006〕207 号）的要求，由交通运输部负责修订的《公路工程项目建设用地指标》，经有关部门会审，现批准为全国统一的公路工程项目建设用地指标，自 2011年 12 月 1 日起施行。原《公路建设项目用地指标》同时废止。

本建设用地指标实施的监督管理，由国土资源部负责；具体解释工作由交通运输部负责。

中华人民共和国住房和城乡建设部

中华人民共和国国土资源部

中华人民共和国交通运输部

二〇一一年八月十一日

前 言

本建设用地指标是按照《国务院关于深化改革严格土地管理的决定》(国发〔2004〕28 号)和《国务院关于促进节约集约用地的通知》(国发〔2008〕3 号)的要求,根据建设部、国土资源部《关于印发〈2006 年工程项目建设用地指标制修订项目计划〉的通知》(建标函〔2006〕207 号),对《公路建设项目用地指标》(建标〔1999〕278 号,以下简称原指标)进行修订的。

在修订过程中,编制组以国家和行业主管部门有关法律、法规为依据,从我国国情和公路建设实际情况出发,进行了广泛的调查研究,总结了我国公路工程建设中节约集约利用土地的经验,对搜集的 1 万多公里公路、330 余座互通式立体交叉、510 处高速公路服务区及 76 处停车区的相关资料,进行了统计分析和研究,对指标体系、计算模型和方法进行了必要的调整,征求了全国有关部门、单位和专家意见,并进行了多方面对比分析及模拟项目测算。

本建设用地指标共分九章和三个附录,内容包括:总则、节约集约用地的基本规定、公路工程项目建设用地总体指标、路基工程用地指标、桥梁工程用地指标、隧道工程用地指标、交叉工程用地指标、沿线设施用地指标和用地指标的调整等九章;以及各级公路设计速度与路基宽度、土地利用现状分类、术语和符号三个附录。

主要修订内容如下:

1. 为切实贯彻国家相关政策的要求,增加了节约集约用地措施的规定。

2. 取消了原指标按高、中、低值编列的方式,代之以基本指标和调整系数的方式,以适应不同的使用条件。

3. 增加了更多标准路基宽度的公路用地总体指标和路基工程用地指标,按《公路工程技术标准》(JTG B01—2003)中规定的标准路基宽度一般值全部编列。

4. 在公路用地总体指标中，调整了分项工程内容构成及其含量，提高了桥隧比例；增加了大城市绕城公路、出入口公路及过境公路、具干线功能的一级公路和二级公路以及荒漠区公路的调整系数；同时，还编制了高速公路互通式立体交叉间距变化对总体指标的调整系数。

5. 在路基工程用地指标中，增加了分离式路基用地指标、荒漠区及特殊地形地质条件下的调整系数，并将高速公路、一级公路路基工程用地指标分开编列。

6. 在桥梁工程用地指标中，对其计算方法进行了适当调整，桥台调整为按路基工程用地指标计算，中桥调整为按桥梁工程用地指标计算。

7. 将隧道工程用地指标单独作为一章编列，其指标调整为中长隧道洞口仰坡用地和短隧道用地两部分，取消原指标中隧道进（出）口连接线路段用地指标、分离式路基及分离式路基间三角区路段用地指标，将其改为按路基工程用地指标的规定计算。

8. 在交叉工程用地指标中，对原指标笼统的四肢枢纽互通式立体交叉进行了细化，提出更多的形式，增加了相应的用地指标；根据不同条件编制了互通式立体交叉用地指标的调整系数；对一般互通式立体交叉连接线用地计算范围进行了界定；增加了天桥、平面交叉工程的用地指标。

9. 在沿线设施用地指标中，服务设施用地指标按路段交通量和大型车比例计算编列；增加了桥隧监控通信站、桥隧养护管理站用地指标；增加了沿线设施合并设置的规定。

10. 对原指标中第八章的内容进行了调整，部分内容根据所属分项工程分列在各章节中，以方便执行。

11. 增加了三个附录，以方便使用和理解条文。

请各有关单位在使用本建设用地指标过程中注意总结经验、积累资料，将发现的问题和有关意见、建议及时函告国土资源部土地利用管理司（北京市西城区阜内大街 64 号，邮政编码：

100812)、住房和城乡建设部标准定额司(北京市海淀区三里河路9号,邮政编码:100835)和交通运输部公路局(北京市建国门内大街11号,邮政编码:100736),并抄送交通运输部规划研究院(北京市朝阳区曙光西里甲6号2号楼,邮政编码:100028),供以后修订时参考。

目　　录

第一章　总　　则

1.0.1　为贯彻落实科学发展观和节约集约用地基本国策，提高土地利用率和严格保护耕地，加强对公路工程项目建设用地的科学管理，适应公路建设和发展的需要，制定本建设用地指标。

1.0.2　本建设用地指标是编制、评估和审批公路工程项目可行性研究报告、初步设计文件时确定项目建设用地规模的依据，是核定和审批公路工程项目建设用地面积的尺度。

1.0.3　本建设用地指标适用于新建的除等外公路以外的各级公路工程项目。改建、扩建公路和国防、工矿、农林等专用公路可参照执行。当扩建公路项目采用新建半幅的分离式路基或另择线位新建整幅路基的方案时，应按本建设用地指标执行。等外公路建设用地指标可参照本建设用地指标的编制原则和方法由省级主管部门另行制定。

1.0.4　本建设用地指标分为总体指标和分项指标。总体指标宜用于土地利用计划编制和可行性研究阶段，分项指标宜用于初步设计阶段，也可用于可行性研究阶段。采用总体指标时，公路工程项目建设总用地面积应按第三章规定计算，并根据不同情况按第九章规定进行调整；采用分项指标时，公路工程项目建设总用地面积应按第四～八章规定计算，并根据不同情况按第九章规定进行调整。

1.0.5　本建设用地指标的土地面积为水平投影面积。用地指标所指的土地包括农用地、建设用地和未利用地。

1.0.6　公路工程项目建设实际征地数量，因地面自然坡度、边角地等因素影响而增加的用地面积，应控制在建设用地预审批复的用地规模的合理幅度内，其幅度值由土地审批主管部门确定。

1.0.7　公路工程项目建设用地面积应根据交通发展需求、合理的技术标准和建设规模等确定。需预留发展用地时，应根据土地利用总体规划、交通发展规划,经充分论证,并报相关主管部门批准后确定。

1.0.8 公路工程项目建设用地应贯彻执行国家有关建设、土地管理、环境保护的法律、法规及相关规定,正确处理与农业用地及其他用地的关系,切实做到科学、合理、节约、集约用地和严格保护耕地。

1.0.9 公路工程项目建设用地除应执行本建设用地指标的规定外,尚应符合国家现行相关规定。

第二章　节约集约用地的基本规定

第一节　总 体 要求

2.1.1　公路建设用地应符合土地利用总体规划，贯彻节约集约用地和严格保护耕地的原则，最大限度地减少占地。

2.1.2　公路建设应在满足工程实施、安全运营、管理养护、环境保护等要求的前提下，科学规划、精心设计、规范施工、严格管理，采取有效措施节约、集约用地，积极进行改地、造地、复垦，对建设用地进行优化配置和科学利用。

第二节　公路建设前期研究

2.2.1　公路规划阶段，应深入调查、分析、研究社会经济发展、区域产业布局、交通运输需求的分布和发展、区域人民生产和生活的出行需要以及占用土地情况，科学、合理地进行路网布局。

2.2.2　公路建设项目立项研究阶段，应根据区域社会经济的发展需要、现有路网状况和交通发展需求，综合考虑环境、土地、资金等条件，科学论证项目建设必要性和建设规模，提高决策的科学性。

2.2.3　公路建设项目工程可行性研究阶段，应在深入调查的基础上，科学论证比选路线走廊带和主要控制点，合理确定技术标准和建设规模，尽量减少占地，避让基本农田和经济作物区。

第三节　公 路 设 计

2.3.1　公路设计应依靠科技进步，创新理念，提高水平，合理选用技术指标，优化方案，并积极应用新技术、新工艺、新材料，节约用地。

2.3.2 路线设计应将占用土地数量作为重要因素纳入路线方案比选,充分利用荒山、荒坡地、废弃地、劣质地布线,最大限度减少占地,特别是耕地。

2.3.3 路线设计应合理选用平、纵、横技术指标,特别是直接影响占地的车道数、中间带和硬路肩(紧急停车带)宽度等,避免片面追求高标准。

2.3.4 路基设计应严格控制高填深挖路基。当挖方深度大于30m、填方高度大于20m时,应结合占用土地情况进行路桥(隧)方案技术经济比选,以确定合理的方案。

2.3.5 对必须通过耕地的路段,路基设计应通过技术、经济比较,采取设置边坡挡土墙、采用节地型排水沟和压缩护坡道、碎落台宽度等可行措施,以减少占地。

2.3.6 路基填挖方应认真勘察、精细计算、合理调配,力求自身利用平衡,减少设置取、弃土场;必须设置取、弃土场时,应与改田、造地、复垦相结合。

2.3.7 需借土填筑路堤时,应在技术、经济可行的条件下,考虑利用符合技术要求的工业废渣及其他建设工程(如河道整治、水库开挖、鱼塘建设等)的废弃土方。

2.3.8 路基排水设施的断面形式和尺寸,应根据公路实际情况,经计算后合理确定,不应采用超过排水能力需要的断面形式和尺寸。

2.3.9 在技术、经济条件允许的情况下,应适度提高桥隧比例,以有效减少公路用地。

2.3.10 Ⅰ、Ⅱ类地形区路桥分界临界高度一般不宜超过6m,最高不宜超过10m;Ⅲ类地形区通过耕地路段的路桥分界临界高度最高不宜超过8m,以减少桥台和桥头引道占地。

2.3.11 在满足使用功能要求的前提下,桥梁宜选用能够降低上部结构高度的结构类型,以降低桥面高程,从而降低桥台填土高度,减少占地。

2.3.12 隧道设计应遵循“早进洞、晚出洞”原则,减少洞口开挖,避免在洞口形成高边坡和高仰坡,洞口顶部仰坡高度不宜高于20m。

2.3.13 在满足功能、安全和运营管理要求的前提下，互通式立体交叉设计应规模适当、布局紧凑，选用合理的形式，以减少占地。

2.3.14 互通式立体交叉设计应根据交通量及其组成确定相应的技术指标，避免片面追求高指标。

2.3.15 高速公路与一级公路交叉所设置的枢纽互通式立体交叉，当交通量较小时，左转弯直连或半直连匝道设计速度不宜超过60km/h。建设条件复杂的枢纽互通式立体交叉，在保证通行能力和行车安全的前提下，可选用较低的技术指标。

2.3.16 Ⅲ类地形区一般互通式立体交叉，当交通量不大时，可适当降低环形匝道的设计速度和圆曲线半径，并充分利用地形，采用适当的变异形式，对长匝道或互通式立体交叉连接线，可设置曲线迂回展线。

2.3.17 对于因布局间距需要、连接县级及以下城镇、预测期末交通量小、用地紧张或地形地质条件复杂地区的互通式立体交叉，宜采用菱形形式。

2.3.18 服务区的设置应根据交通需求、车型组成、服务需要、路网情况、地形条件等因素，统一规划，合理确定间距、位置和规模，尽量少占耕地，多利用荒山、荒坡地、废弃地；有条件时应与其他设施同址合建。

2.3.19 服务区内设施的布置应因地制宜、力求紧凑，科学分配各功能区的位置和建筑面积，优化设计，提高土地利用率。

2.3.20 收费、监控通信、养护等设施，在技术、经济合理，满足运行管理要求的条件下，宜同址合建。

2.3.21 监控通信、供电系统的管线，在符合技术、经济和安全要求的条件下，宜共沟架设，并在公路用地范围内布置。

第四节 公 路 施 工

2.4.1 在公路施工中，应收集并保存公路建设占用耕地的耕作层

表 3.0.5-1　I 类地形区高速、一级公路工程项目建设用地总体指标

参数项		单位	高速公路								一级公路				
			八车道		六车道			四车道			六车道		四车道		
主要编制条件参数	路基宽度	m	42	41	34.5	33.5	32	28	26	24.5	33.5	32	26	24.5	23
	路基平均计算高度	m	3.6	3.6	3.6	3.6	3.6	3.6	3.6	3.6	2.2	2.2	2.2	2.2	2.2
	桥梁跨径长度比例	%	10	10	10	10	10	10	10	10	5.5	5.5	5.5	5.5	5.5
	互通式立体交叉间距	km	11.7	11.7	12.35	12.35	12.35	13	13	13.39	19	19	20	20	20
	主线下穿分离式立体交叉间距	km	10	10	10	10	10	8	8	8	15	15	15	15	15
	天桥间距	km	7	7	7	7	7	8	8	8	10	10	10	10	10
	通道间距	km	0.4	0.4	0.4	0.4	0.4	0.5	0.5	0.5	1	1	1	1	1
	平面交叉间距	km	—	—	—	—	—	—	—	—	1	1	1	1	1
	主线收费站间距	km	130	130	130	130	130	130	130	130	80	80	80	80	80
	服务区间距	km	50	50	50	50	50	50	50	50	—	—	—	—	—
	停车区间距	km	25	25	25	25	25	25	25	25	40	40	40	40	40
	路段监控通信分中心间距	km	90	90	95	95	95	100	100	100	—	—	—	—	—
	路段监控通信站间距	km	45	45	47.5	47.5	47.5	50	50	50	—	—	—	—	—
	养护设施间距	km	45	45	47.5	47.5	47.5	50	50	50	47.5	47.5	50	50	50
指标值		hm^2/km	8.6154	8.5313	7.8317	7.7469	7.6196	7.1376	6.9667	6.7836	6.3935	6.2518	5.6044	5.4623	5.3200

注：表中桥梁跨径长度比例是桥梁跨径长度占路线总长度的比例。（表 3.0.5-2 ~ 表 3.0.5-6 同）

表 3.0.5-2　Ⅱ类地形区高速、一级公路工程项目建设用地总体指标

参数项		单位	高速公路								一级公路				
			八车道		六车道			四车道			六车道		四车道		
主要编制条件参数	路基宽度	m	42	41	34.5	33.5	32	28	26	24.5	33.5	32	26	24.5	23
	路基平均计算（填挖）高度	m	3.8	3.8	3.8	3.8	3.8	3.8	3.8	3.8	2.8	2.8	2.8	2.8	2.8
	桥梁跨径长度比例	%	9	9	9	9	9	9	9	9	5	5	5	5	5
	互通式立体交叉间距	km	12.6	12.6	13.58	13.58	13.58	14	14	14.42	21.85	21.85	23	23	23
	主线下穿分离式立体交叉间距	km	9	9	9	9	9	8	8	8	15	15	15	15	15
	天桥间距	km	6	6	6	6	6	7	7	7	8	8	8	8	8
	通道间距	km	0.4	0.4	0.4	0.4	0.4	0.5	0.5	0.5	0.8	0.8	0.8	0.8	0.8
	平面交叉间距	km	—	—	—	—	—	—	—	—	1	1	1	1	1
	主线收费站间距	km	130	130	130	130	130	130	130	130	80	80	80	80	80
	服务区间距	km	50	50	50	50	50	50	50	50	—	—	—	—	—
	停车区间距	km	25	25	25	25	25	25	25	25	40	40	40	40	40
	路段监控通信分中心间距	km	90	90	95	95	95	100	100	100	—	—	—	—	—
	路段监控通信站间距	km	45	45	47.5	47.5	47.5	50	50	50	—	—	—	—	—
	养护设施间距	km	45	45	47.5	47.5	47.5	50	50	50	47.5	47.5	50	50	50
指标值		hm^2/km	9.3025	9.2147	8.4668	8.3773	8.2430	7.5947	7.4141	7.2275	6.9700	6.8207	6.1494	5.9996	5.8499

表 3.0.5-3　Ⅲ类地形区高速、一级公路工程项目建设用地总体指标

参数项		单位	高速公路				一级公路		
			六车道		四车道		四车道		
主要编制条件参数	路基宽度	m	33.5	32	26	24.5	26	24.5	23
	整体式路基比例	%	73	73	85	85	90	90	90
	分离式路基比例	%	27	27	15	15	10	10	10
	桥梁跨径长度比例	%	25	25	23	23	10	10	10
	互通式立体交叉间距	km	13.5	13.5	15	15	25	25	25
	主线下穿分离式立体交叉间距	km	8	8	8	8	15	15	15
	天桥间距	km	5	5	6	6	12	12	12
	通道间距	km	0.5	0.5	0.6	0.6	1	1	1
	平面交叉间距	km	—	—	—	—	1.5	1.5	1.5
	主线收费站间距	km	130	130	130	130	80	80	80
	服务区间距	km	50	50	50	50	—	—	—
	停车区间距	km	25	25	25	25	40	40	40
	路段监控通信分中心间距	km	95	95	100	100	—	—	—
	路段监控通信站间距	km	47.5	47.5	50	50	—	—	—
	养护设施间距	km	47.5	47.5	50	50	50	50	50
指标值		hm^2/km	8.8994	8.8272	7.8227	7.6543	6.8205	6.7105	6.6005

注：表中整体式路基比例和分离式路基比例分别是整体式路基长度和分离式路基长度占路基总长度的比例。

表 3.0.5-4　Ⅰ类地形区二、三、四级公路工程项目建设用地总体指标

参数项		单位	二级公路		三级公路		四级公路
			双车道		双车道		双车道
主要编制条件参数	路基宽度	m	12	10	8.5	7.5	6.5
	路基平均计算高度	m	1.5	1.5	1.3	1.3	1.1
	桥梁跨径长度比例	%	2	2	1	1	1
	主线下穿分离式立体交叉间距	km	80	80	—	—	—
	天桥间距	km	50	50	—	—	—
	通道间距	km	50	50	—	—	—
	平面交叉间距	km	0.8	0.8	0.4	0.4	0.4
	停车区间距	km	80	80	100	100	100
	养护设施间距	km	40	40	40	40	40
指标值		hm^2/km	2.8014	2.5916	2.1608	2.0549	1.7279

表 3.0.5-5　Ⅱ类地形区二、三、四级公路工程项目建设用地总体指标

参数项		单位	二级公路		三级公路		四级公路
			双车道		双车道		双车道
主要编制条件参数	路基宽度	m	12	10	8.5	7.5	6.5
	路基平均计算(填挖)高度	m	1.5	1.5	1.2	1.2	1.2
	桥梁跨径长度比例	%	2	2	1	1	1
	主线下穿分离式立体交叉间距	km	70	70	—	—	—
	天桥间距	km	50	50	—	—	—
	通道间距	km	40	40	—	—	—
	平面交叉间距	km	0.8	0.8	0.4	0.4	0.4
	停车区间距	km	80	80	100	100	100
	养护设施间距	km	40	40	40	40	40
指标值		hm^2/km	2.9864	2.7708	2.4084	2.2992	1.9531

表 3.0.5-6　Ⅲ类地形区二、三、四级公路工程项目建设用地总体指标

参　数　项		单位	二级公路		三级公路		四级公路	
			双车道		双车道		双车道	单车道
主要编制条件参数	路基宽度	m	12	10	8.5	7.5	6.5	4.5
	桥梁跨径长度比例	%	5	5	3	3	2	2
	主线下穿分离式立体交叉间距	km	60	60	—	—	—	—
	天桥间距	km	50	50	—	—	—	—
	通道间距	km	20	20	—	—	—	—
	平面交叉间距	km	1.2	1.2	0.6	0.6	0.6	0.6
	停车区间距	km	80	80	100	100	100	100
	养护设施间距	km	40	40	40	40	40	40
指标值		hm^2/km	3.6183	3.4334	2.6088	2.5126	2.2819	1.9274

表 3.0.6　路基宽度调整指标(hm^2/km)

地形类别	路基宽度每增减 1m		
	高速公路	一级公路	二级公路
Ⅰ类	0.1047	0.1022	0.1049
Ⅱ类	0.1304	0.1173	0.1186
Ⅲ类	0.1660	0.1591	0.1202

表 3.0.7　高速公路互通式立体交叉间距调整系数

互通式立体交叉间距(km)	Ⅰ类地形区			Ⅱ类地形区			Ⅲ类地形区	
	八车道	六车道	四车道	八车道	六车道	四车道	六车道	四车道
5	1.35	1.39	1.43	1.31	1.35	1.40	1.31	1.36
10	1.08	1.09	1.10	1.08	1.09	1.10	1.10	1.11
15	0.98	0.98	0.97	0.99	0.99	0.99	1.00	1.00
20	0.95	0.94	0.93	0.96	0.96	0.95	0.98	0.98
25	0.93	0.92	0.91	0.95	0.94	0.93	0.97	0.96

3.0.9　本章指标中的一级公路和二级公路用地指标按非干线公路编制，对《公路工程技术标准》(JTG B01—2003)所规定的具干线功能的一级公路和二级公路，其建设用地总体指标可分别按系数 1.1 和 1.05 进行调整。

3.0.10　对基本无植被覆盖的荒漠区(荒滩、戈壁、沙漠等地区)公路，可在Ⅰ类地形区建设用地总体指标基础上，高速公路按系数 2.1、一级及以下公路按系数 1.2 对总体指标进行调整。

3.0.11　当公路通过风沙地区时，应根据风沙范围、沙源、风向、风速、沙丘移动规律、植被覆盖等情况，选定防止路基被风沙吹蚀和掩埋的防护措施，并据以确定用地面积。固定或半固定沙丘地段，可按 25 ~ 30hm^2/km 增加用地面积；西北地区，一般风沙地段可按 100hm^2/km 增加用地面积，严重风沙地段可按 131 hm^2/km 增加用地面积；华北、东北地区，流动沙丘地段可按 55 ~ 76hm^2/km 增加用地面积。

3.0.12 当公路通过雪害地区时，应根据地形、地貌、植被、气候、风向和积雪厚度等情况，结合路线位置、路基高度等因素，在路线一侧或两侧设置防护设施，并确定相应用地面积。防护宽度为距路堑顶或路堤坡脚外30～50m。每侧防护可按2.42～4.42hm^2/km增加用地面积；当路线与冬季主导风向垂直，地形开阔、积雪量大，需设置两排防雪栅时，每侧防护可按10.42hm^2/km增加用地面积。

3.0.13 当公路通过软土、沼泽、地震、滑坡、崩塌、岩堆、泥石流、多年冻土、膨胀土、盐渍土、涎流冰地区或需建设防灾设施时，应根据其具体位置或处治措施等，按本建设用地指标第九章的有关规定增加用地面积。

3.0.14 公路工程项目的辅道、支线、连接线的建设用地面积，应根据其公路技术等级按本章相应的用地指标另行计算。

3.0.15 当公路工程项目涉及用地界外的改路、改河、改沟、改渠、改移输电、通信线路和专业管道等改移工程的用地，以及经技术、经济论证必须设置取、弃土场时，应按实际需要单独计列，并应在设计说明中予以专门叙述。

第四章　路基工程用地指标

4.0.1　路基工程用地指标包括路基宽度、护坡道、碎落台、排水设施、防护设施、小桥涵和桥梁桥台等的用地面积，其中路基宽度由行车道、中间带（中央分隔带、左侧路缘带）和路肩（硬路肩、土路肩）等部分组成；不包括公路用地界外改路、改河、改沟、改渠、改移输电、通信线路和专业管道等改移工程以及取、弃土场的用地面积，当公路工程项目涉及这些用地时，应按本建设用地指标第九章的有关规定执行。

4.0.2　路基工程用地指标适用于公路工程项目主线路基、支线路基、连接线路基、桥梁引道及隧道洞口外路基的建设用地面积计算。

4.0.3　路基工程用地指标按路基公里长度编制计算。路基公里长度是扣除大中桥（含特大桥）跨径长度、隧道长度和互通式立体交叉主线长度之后的路线长度（单位为公里）。公路工程项目的路基公里长度乘以路基工程用地指标，并根据不同情况按本章和本建设用地指标第九章的规定进行调整，即为项目的路基工程总用地面积。

4.0.4　路基工程用地指标编制采用的用地宽度，各级公路均按路堤两侧排水沟外边缘（无排水沟时为路堤或护坡道坡脚）以外，或路堑坡顶截水沟外边缘（无截水沟为坡顶）以外加 1m 计算。

4.0.5　整体式路基工程用地指标一般不应超过表 4.0.5-1 ~ 表 4.0.5-6 的规定。

4.0.6　高速、一级公路分离式路基工程用地指标应符合以下规定：

1. 边坡联体分离式路基工程用地指标一般不应超过表 4.0.6-1的规定。

2. 两幅完全分离式路基工程用地指标一般不应超过表 4.0.6-2 ~ 表 4.0.6-4 的规定。

表 4.0.5-1　I 类地形区高速、一级公路整体式路基工程用地指标

参数项		单位	高速公路								一级公路				
			八车道		六车道			四车道			六车道		四车道		
主要编制条件参数	路基宽度	m	42	41	34.5	33.5	32	28	26	24.5	33.5	32	26	24.5	23
	路基平均计算高度	m	3.6	3.6	3.6	3.6	3.6	3.6	3.6	3.6	2.2	2.2	2.2	2.2	2.2
	边坡坡率	1∶n	1.5	1.5	1.5	1.5	1.5	1.5	1.5	1.5	1.5	1.5	1.5	1.5	1.5
	边沟顶宽	m	2.1	2.1	2.1	2.1	2.1	2.1	2.1	2.1	2.1	2.1	2.1	2.1	2.1
	护坡道宽	m	0~2	0~2	0~2	0~2	0~2	0~2	0~2	0~2	0~2	0~2	0~2	0~2	0~2
	用地界宽	m	1	1	1	1	1	1	1	1	1	1	1	1	1
指标值		hm^2/km	6.5700	6.4630	5.7675	5.6605	5.4999	5.0719	4.8579	4.6974	5.2110	5.0505	4.4085	4.2480	4.0874

注：表中护坡道宽，根据《公路路基设计规范》（JTG D30—2004），按一般情况下不同路基高度所需设置的护坡道宽度取值，并按调查统计分析的不同路基高度所占权重综合计算。实际公路工程项目应根据其路基高度，按规范尽可能取低限值以节约用地。（表 4.0.5-2 ~ 表 4.0.6-4 同）

表 4.0.5-2　Ⅱ类地形区高速、一级公路整体式路基工程用地指标

参数项		单位	高速公路								一级公路				
			八车道		六车道			四车道			六车道		四车道		
主要编制条件参数	路基宽度	m	42	41	34.5	33.5	32	28	26	24.5	33.5	32	26	24.5	23
	路基平均计算（填挖）高度	m	3.8	3.8	3.8	3.8	3.8	3.8	3.8	3.8	2.8	2.8	2.8	2.8	2.8
	填方边坡坡率	1∶*n*	1.5	1.5	1.5	1.5	1.5	1.5	1.5	1.5	1.5	1.5	1.5	1.5	1.5
	挖方边坡坡率	1∶*n*	1.0	1.0	1.0	1.0	1.0	1.0	1.0	1.0	1.0	1.0	1.0	1.0	1.0
	填方边沟顶宽	m	1.8	1.8	1.8	1.8	1.8	1.8	1.8	1.8	1.8	1.8	1.8	1.8	1.8
	挖方边沟顶宽	m	0.8	0.8	0.8	0.8	0.8	0.8	0.8	0.8	0.8	0.8	0.8	0.8	0.8
	护坡道（碎落台）宽	m	0～2	0～2	0～2	0～2	0～2	0～2	0～2	0～2	0～2	0～2	0～2	0～2	0～2
	用地界宽	m	1	1	1	1	1	1	1	1	1	1	1	1	1
指标值		hm^2/km	7.3368	7.2267	6.5055	6.3954	6.2302	5.6086	5.3872	5.2211	5.8470	5.6803	5.0137	4.8470	4.6804

表 4.0.5-3　Ⅲ类地形区高速、一级公路整体式路基工程用地指标

参数项				单位	高速公路				一级公路		
					六车道		四车道		四车道		
主要编制条件参数	路基宽度			m	33.5	32	26	24.5	26	24.5	23
	填方边坡高度/坡率	普通单级边坡		m/1:n	5/1.5	5/1.5	5/1.5	5/1.5	4.5/1.5	4.5/1.5	4.5/1.5
		两级边坡	第一级	m/1:n	8/1.5	8/1.5	8/1.5	8/1.5	8/1.5	8/1.5	8/1.5
			第二级	m/1:n	12/1.75	12/1.75	12/1.75	12/1.75	12/1.75	12/1.75	12/1.75
	挖方边坡高度/坡率	普通单级边坡		m/1:n	8/1.0	8/1.0	6/1.0	6/1.0	5/1.0	5/1.0	5/1.0
		多级边坡	第一级	m/1:n	8/0.75	8/0.75	8/0.75	8/0.75	8/0.75	8/0.75	8/0.75
			第二级	m/1:n	8/0.75	8/0.75	8/0.75	8/0.75	8/0.75	8/0.75	8/0.75
			第三级	m/1:n	8/1.0	8/1.0	8/1.0	8/1.0	8/1.0	8/1.0	8/1.0
			第四级	m/1:n	8/1.0	8/1.0	8/1.0	8/1.0	8/1.0	8/1.0	8/1.0
	边坡平台宽度			m	2	2	2	2	2	2	2
	填方边沟顶宽			m	1.8	1.8	1.8	1.8	1.8	1.8	1.8
	挖方边沟顶宽			m	0.8	0.8	0.8	0.8	0.8	0.8	0.8
	护坡道(碎落台)宽			m	0~2	0~2	0~2	0~2	0~2	0~2	0~2
	用地界宽			m	1	1	1	1	1	1	1
指标值				hm^2/km	8.4523	8.3023	7.1216	6.8222	6.1406	5.9906	5.8406

表 4.0.5-4　Ⅰ类地形区二、三、四级公路路基工程用地指标

参数项		单位	二级公路		三级公路		四级公路
			双车道		双车道		双车道
主要编制条件参数	路基宽度	m	12	10	8.5	7.5	6.5
	路基平均计算高度	m	1.5	1.5	1.3	1.3	1.1
	边坡坡率	1:n	1.5	1.5	1.5	1.5	1.5
	边沟顶宽	m	2.1	2.1	2.1	2.1	2.1
	护坡道宽	m	0~2	0~2	0~2	0~2	0~2
	用地界宽	m	1	1	1	1	1
指标值		hm^2/km	2.5856	2.3716	1.9469	1.8399	1.6687

表 4.0.5-5　Ⅱ类地形区二、三、四级公路路基工程用地指标

参数项		单位	二级公路		三级公路		四级公路
			双车道		双车道		双车道
主要编制条件参数	路基宽度	m	12	10	8.5	7.5	6.5
	路基平均计算(填挖)高度	m	1.5	1.5	1.2	1.2	1.2
	填方边坡坡率	1:n	1.5	1.5	1.5	1.5	1.5
	挖方边坡坡率	1:n	1.25	1.25	1.25	1.25	1.25
	填方边沟顶宽	m	1.8	1.8	1.8	1.8	1.8
	挖方边沟顶宽	m	0.8	0.8	0.8	0.8	0.8
	护坡道(碎落台)宽	m	0~2	0~2	0~2	0~2	0~2
	用地界宽	m	1	1	1	1	1
指标值		hm^2/km	2.7699	2.5500	2.1970	2.0867	1.8962

表 4.0.5-6　Ⅲ类地形区二、三、四级公路路基工程用地指标

参数项				单位	二级公路		三级公路		四级公路	
					双车道		双车道		双车道	单车道
主要编制条件参数	路基宽度			m	12	10	8.5	7.5	6.5	4.5
	填方边坡高度/坡率	普通单级边坡		m/1∶n	3.5/1.5	3.5/1.5	2.5/1.5	2.5/1.5	2.5/1.5	2.0/1.5
		两级边坡	第一级	m/1∶n	8/1.5	8/1.5	8/1.5	8/1.5	8/1.5	8/1.25
			第二级	m/1∶n	10/1.75	10/1.75	10/1.75	10/1.75	10/1.5	10/1.5
	挖方边坡高度/坡率	普通单级边坡		m/1∶n	3.8/0.75	3.8/0.75	3.3/0.75	3.3/0.75	3.3/0.5	3.0/0.5
		多级边坡	第一级	m/1∶n	8/0.75	8/0.75	8/0.75	8/0.75	8/0.75	8/0.75
			第二级	m/1∶n	8/0.75	8/0.75	8/0.75	8/0.75	8/0.75	8/0.75
			第三级	m/1∶n	8/0.75	8/0.75	6/0.75	6/0.75	6/0.75	8/0.75
			第四级	m/1∶n	6/1.0	6/1.0	6/1.0	6/1.0	6/1.0	6/1.0
	边坡平台宽度			m	2	2	2	2	2	2
	填方边沟顶宽			m	1.8	1.8	1.8	1.8	1.8	1.8
	挖方边沟顶宽			m	0.8	0.8	0.8	0.8	0.8	0.8
	护坡道(碎落台)宽			m	0~2	0~2	0~2	0~2	0~2	0~2
	用地界宽			m	1	1	1	1	1	1
指标值				hm^2/km	3.6488	3.4488	2.6326	2.5326	2.2699	1.9069

表 4.0.6-1　高速、一级公路边坡联体分离式路基工程用地指标

参数项				单位	高速公路			一级公路		
					半幅三车道	半幅双车道		半幅双车道		
主要编制条件参数	半幅路基宽度			m	16	13	12.25	13	12.25	11.25
	联体边坡高度/坡率			m/1∶n	6/1.5	6/1.5	6/1.5	5/1.5	5/1.5	5/1.5
	联体边坡底部平台宽			m	2	2	2	2	2	2
	联体边坡边沟顶宽			m	1.8	1.8	1.8	1.8	1.8	1.8
	外侧填方边坡高度/坡率	普通单级边坡		m/1∶n	6/1.5	6/1.5	6/1.5	5/1.5	5/1.5	5/1.5
		两级边坡	第一级	m/1∶n	8/1.5	8/1.5	8/1.5	8/1.5	8/1.5	8/1.5
			第二级	m/1∶n	12/1.75	12/1.75	12/1.75	12/1.75	12/1.75	12/1.75
	外侧挖方边坡高度/坡率	普通单级边坡		m/1∶n	6/1.0	6/1.0	6/1.0	5/1.0	5/1.0	5/1.0
		两级边坡	第一级	m/1∶n	8/0.75	8/0.75	8/0.75	8/0.75	8/0.75	8/0.75
			第二级	m/1∶n	8/1.0	8/1.0	8/1.0	8/1.0	8/1.0	8/1.0
	外侧边坡平台宽度			m	2	2	2	2	2	2
	外侧填方边沟顶宽			m	1.8	1.8	1.8	1.8	1.8	1.8
	外侧挖方边沟顶宽			m	0.8	0.8	0.8	0.8	0.8	0.8
	外侧边坡护坡道（碎落台）宽			m	0～2	0～2	0～2	0～2	0～2	0～2
	用地界宽			m	1	1	1	1	1	1
指标值				hm^2/km	7.6565	6.8672	6.7172	6.4361	6.2861	6.0861

注：1. 表中用地指标为边坡联体分离式路基整体的用地面积，即包括上下行方向两半幅的路基用地面积。

2. 表中用地指标按Ⅲ类地形区编制，主要适用于Ⅲ类地形区，其他类地形区可参考使用。

表 4.0.6-2 Ⅰ类地形区高速、一级公路两幅完全分离式路基工程用地指标

参数项		单位	高速公路						一级公路			
			半幅四车道		半幅三车道		半幅双车道		半幅三车道		半幅双车道	
主要编制条件参数	半幅路基宽度	m	22	21.75	17	16.75	13.75	13	16.75	16	13	12.25
	路基平均计算高度	m	3.6	3.6	3.6	3.6	3.6	3.6	2.2	2.2	2.2	2.2
	边坡坡率	1:n	1.5	1.5	1.5	1.5	1.5	1.5	1.5	1.5	1.5	1.5
	边沟顶宽	m	2.1	2.1	2.1	2.1	2.1	2.1	2.1	2.1	2.1	2.1
	护坡道宽	m	0~2	0~2	0~2	0~2	0~2	0~2	0~2	0~2	0~2	0~2
	用地界宽	m	1	1	1	1	1	1	1	1	1	1
指标值		hm^2/km	4.4299	4.4031	3.8948	3.8681	3.5470	3.4668	3.3186	3.2384	2.9174	2.8371

注:表中用地指标为半幅路基的用地面积,对于只建设半幅的路段,应直接使用;对于两半幅同时建设的路段,可按其2倍使用。

表 4.0.6-3　Ⅱ类地形区高速、一级公路两幅完全分离式路基工程用地指标

参数项		单位	高速公路						一级公路			
			半幅四车道		半幅三车道		半幅双车道		半幅三车道		半幅双车道	
主要编制条件参数	半幅路基宽度	m	22	21.75	17	16.75	13.75	13	16.75	16	13	12.25
	路基平均计算(填挖)高度	m	3.8	3.8	3.8	3.8	3.8	3.8	2.8	2.8	2.8	2.8
	填方边坡坡率	1:n	1.5	1.5	1.5	1.5	1.5	1.5	1.5	1.5	1.5	1.5
	挖方边坡坡率	1:n	1.0	1.0	1.0	1.0	1.0	1.0	1.0	1.0	1.0	1.0
	填方边沟顶宽	m	1.8	1.8	1.8	1.8	1.8	1.8	1.8	1.8	1.8	1.8
	挖方边沟顶宽	m	0.8	0.8	0.8	0.8	0.8	0.8	0.8	0.8	0.8	0.8
	护坡道(碎落台)宽	m	0~2	0~2	0~2	0~2	0~2	0~2	0~2	0~2	0~2	0~2
	用地界宽	m	1	1	1	1	1	1	1	1	1	1
指标值		hm^2/km	5.0073	4.9797	4.4568	4.4292	3.9392	3.8562	3.8511	3.7676	3.4335	3.3500

注:同表 4.0.6-2 的注。

表 4.0.6-4 Ⅲ类地形区高速、一级公路两幅完全分离式路基工程用地指标

参数项				单位	高速公路			一级公路		
					半幅三车道	半幅双车道		半幅双车道		
主要编制条件参数	半幅路基宽度			m	16	13	12.25	13	12.25	11.25
	填方边坡高度/坡率	普通单级边坡		m/1:n	5/1.5	4.5/1.5	4.5/1.5	4/1.5	4/1.5	4/1.5
		二级边坡	第一级	m/1:n	8/1.5	8/1.5	8/1.5	8/1.5	8/1.5	8/1.5
			第二级	m/1:n	12/1.75	12/1.75	12/1.75	12/1.75	12/1.75	12/1.75
	挖方边坡高度/坡率	普通单级边坡		m/1:n	6/0.75	5.5/0.75	5.5/0.75	4.5/0.75	4.5/0.75	4.5/0.75
		二级边坡	第一级	m/1:n	8/0.75	8/0.75	8/0.75	8/0.75	8/0.75	8/0.75
			第二级	m/1:n	8/0.75	8/0.75	8/0.75	8/0.75	8/0.75	8/0.75
			第三级	m/1:n	8/1.0	8/1.0	8/1.0	8/1.0	8/1.0	8/1.0
			第四级	m/1:n	8/1.0	8/1.0	8/1.0	8/1.0	8/1.0	8/1.0
	边坡平台宽度			m	2	2	2	2	2	2
	填方边沟顶宽			m	1.8	1.8	1.8	1.8	1.8	1.8
	挖方边沟顶宽			m	0.8	0.8	0.8	0.8	0.8	0.8
	护坡道（碎落台）宽			m	0～2	0～2	0～2	0～2	0～2	0～2
	用地界宽			m	1	1	1	1	1	1
指标值				hm^2/km	5.3944	5.0284	4.9534	4.4917	4.4167	4.3167

注:同表 4.0.6-2 的注。

3. 两幅完全分离式路基内侧边坡坡脚之间的土地，应尽可能修建一定的设施（如通道）使其连通到路基外侧以便利用，当能够用于公路工程项目以外的其他用途时，该范围土地可不计为公路工程项目建设用地；当不能用于其他用途时，则该范围土地可计为公路工程项目建设用地，并单独列表说明。

4.0.7 当实际公路工程项目的路基宽度与本章指标编制采用的值不同时，可按表4.0.7对路基工程用地指标进行调整。

表4.0.7 路基宽度调整指标（hm^2/km）

地形类别	路基宽度每增减1m		
	高速公路	一级公路	二级公路
Ⅰ类	0.1070	0.1070	0.1060
Ⅱ类	0.1330	0.1222	0.1155
Ⅲ类	0.2083	0.1992	0.1200

4.0.8 当实际公路工程项目的路基平均计算（填挖）高度与本章指标编制采用的值不同时，可按表4.0.8对路基工程用地指标进行调整。

表4.0.8 路基平均计算（填挖）高度调整指标（hm^2/km）

地形类别	路基平均计算（填挖）高度每增减1m		
	高速公路	一级公路	二级公路
Ⅰ类	0.3900	0.3700	0.3200
Ⅱ类	0.3500	0.3400	0.3300

注：表中调整指标适用于整体式路基全幅和两幅完全分离式路基半幅用地面积的调整。

4.0.9 对基本无植被覆盖的荒漠区（荒滩、戈壁、沙漠等地区）公路，可在Ⅰ类地形区路基工程用地指标的基础上，按表4.0.9对路基工程用地指标进行调整。

表4.0.9 荒漠区路基工程用地指标调整系数

高速公路	一级公路	二、三、四级公路
1.36	1.30	1.25

4.0.10 对处于特殊地形、地质条件下的路段，当边坡高度、边坡坡率、排水设施尺寸等采用超出公路路基设计规范规定的一般值时，经相关主管部门审定，路基工程用地指标可按系数1.05~1.15调整。

4.0.11 设置港湾式应急停车带的路段，可按0.2400hm^2/km增加用地面积；设置爬坡车道的路段，可按0.2750hm^2/km增加用地面积；设置避险车道的路段，可按0.2850hm^2/km增加用地面积；通信管线埋设于路基排水沟外侧的路段，可按0.2000hm^2/km增加用地面积。

4.0.12 设置主线辅助车道的路段和主线分、合流的路段，除按本章指标计算标准路基宽度的用地面积外，尚应按实际设计方案计算需增加的用地面积。

4.0.13 当公路通过风沙、雪害地区，需采取防风沙、防雪害等工程措施时，应按实际设计方案计算相应增加的用地面积；对其他特殊条件下的路基，因防护、病害处治等需要增加用地面积时，应按本建设用地指标第九章的有关规定执行。

第五章　桥梁工程用地指标

5.0.1　桥梁工程用地指标适用于公路工程中的特大桥、大桥和中桥工程，也适用于独立的桥梁工程。桥梁工程用地指标不包含桥梁两端桥台、桥头引道的用地面积，该用地面积应按本建设用地指标第四章的规定计算。

5.0.2　桥梁工程用地指标按桥梁上部构造投影面积计算，桥下常水位时水面宽度范围的土地不作为桥梁工程用地。桥梁工程用地面积应按式(5.0.2)计算：

$$S = B \times (L - W) \div 10000 \qquad (5.0.2)$$

式中：S——桥梁工程用地面积(hm^2)；

B——桥梁上部构造的建筑宽度(m)，高速公路、一级公路应包括上下行桥梁之间的中间带宽度；

L——桥梁跨径长度(m)；

W——桥下常水位时的水面宽度(m)，旱桥取值为0。

5.0.3　顺江(河)桥梁用地指标可扣除顺桥方向桥下常水位时水面宽度范围的土地面积。

5.0.4　桥梁工程用地指标中未包含桥头景观工程的用地面积，需要时应根据具体工程的实际情况另行计算，并报相关主管部门审批。

第六章　隧道工程用地指标

6.0.1　隧道工程用地指标适用于公路工程中的隧道工程和独立隧道工程，分为中长隧道（含特长隧道）洞口仰坡和短隧道用地指标。中长隧道洞身部分不作为工程用地计算。隧道洞口外路基（整体式路基或分离式路基）的用地面积，应按本建设用地指标第四章的规定计算。

6.0.2　中长隧道洞口仰坡用地指标按每座隧道（两个洞口）计算，一般不应超过表6.0.2的规定。

表6.0.2　中长隧道洞口仰坡用地指标（hm^2/座）

公路技术等级及隧道类型	车道数	围岩级别					
		Ⅰ	Ⅱ	Ⅲ	Ⅳ	Ⅴ	Ⅵ
高速、一级公路连拱隧道	六	0.4760	0.6924	0.8815	1.0832	1.1072	1.1573
	四	0.4342	0.6399	0.8242	1.0227	1.0493	1.1012
高速、一级公路独立双洞隧道	六	0.6433	0.9370	1.2028	1.4868	1.6247	1.7341
	四	0.5569	0.8217	1.0690	1.3294	1.4509	1.5580
二级及以下公路单洞隧道	二	0.2892	0.4582	0.6253	0.8128	0.8485	0.9064

6.0.3　短隧道用地指标按每座隧道计算，一般不应超过表6.0.3的规定。

表6.0.3　短隧道用地指标（hm^2/座）

公路技术等级及隧道类型	车道数	围岩级别					
		Ⅰ	Ⅱ	Ⅲ	Ⅳ	Ⅴ	Ⅵ
高速、一级公路连拱隧道	六	0.5550	0.6200	0.6825	0.7450	0.8075	0.7650
	四	0.4800	0.5450	0.6075	0.6700	0.7325	0.6900
高速、一级公路独立双洞隧道	六	0.8550	0.9700	1.1025	1.2450	1.4775	1.5350
	四	0.6400	0.7450	0.8675	0.9900	1.1925	1.2400
二级及以下公路单洞隧道	二	0.2200	0.2850	0.3475	0.4100	0.4725	0.4300

注：表中用地指标包含短隧道洞身和洞口仰坡用地面积。

6.0.4 隧道监控通信及养护管理等设施的用地面积按本建设用地指标第八章的规定计算。隧道竖井、斜井、风道等设施以及隧道外维修养护道路的用地，可根据实际情况另行计算。

第七章　交叉工程用地指标

第一节　互通式立体交叉

7.1.1　互通式立体交叉用地指标包括主线、被交叉公路、匝道、匝道与交叉公路所围区域，以及匝道收费广场等的用地面积。匝道收费站管理设施用地面积按本建设用地指标第八章的规定计算。

7.1.2　互通式立体交叉用地指标按以下形式编制：

1. 一般互通式立体交叉分为：单喇叭形、双喇叭形、半苜蓿叶形、菱形。

2. 枢纽互通式立体交叉分为：Y 形、Ⅰ形（含一条左转直连或半直连匝道的四肢交叉）、Ⅱ形（含两条左转直连或半直连匝道的四肢交叉）、Ⅲ形（含三条左转直连或半直连匝道的四肢交叉）、Ⅳ形（全部为直连或半直连匝道的四肢交叉）、Ⅴ形（全苜蓿叶形四肢交叉）。

7.1.3　互通式立体交叉用地指标按表 7.1.3 的工程规模编制。

表 7.1.3　编制互通式立体交叉用地指标的工程规模

立交形式		枢纽互通式立体交叉	一般互通式立体交叉			
			单喇叭形	双喇叭形	半苜蓿叶形	菱形
主线	长度(m)	2500	1100	1500	1300	1300
	宽度 *A*(m)	28	28	28	28	28
	宽度 *B*(m)		24.5	24.5	24.5	24.5
被交叉公路	技术等级	高速	二级	一级	二级	二级
	长度(m)	2500	500	1100	900	900
	宽度 *A*(m)	26	12	26	12	12
	宽度 *B*(m)		10	24.5	10	10

注：1. 表中被交叉公路的长度均指四肢交叉时的长度。三肢交叉的一般互通式立体交叉，被交叉公路的长度由交叉中心起算至 550m 处；三肢交叉的枢纽互通式立体交叉，被交叉公路的长度由交叉中心起算至 1100m 处。

2. 表中宽度 *A* 指Ⅰ、Ⅱ类地形区公路路基宽度，宽度 *B* 指Ⅲ类地形区公路路基宽度。

7.1.4 一般互通式立体交叉的用地指标一般不应超过表7.1.4-1的规定,枢纽互通式立体交叉的用地指标一般不应超过表7.1.4-2的规定。

表7.1.4-1 一般互通式立体交叉用地指标(hm^2/座)

地形类别	Ⅰ、Ⅱ 类					Ⅲ 类			
立交形式	单喇叭形		双喇叭形	半苜蓿叶形	菱形	单喇叭形	双喇叭形	半苜蓿叶形	菱形
交叉肢数	三肢	四肢	四肢	四肢	四肢	三肢、四肢	四肢	四肢	四肢
用地指标	14.3333	16.3333	31.3333	19.6667	14.6667	15.6667	28.6667	17.3333	12.6667

注:表中四肢交叉的单喇叭和双喇叭形互通式立体交叉的用地指标均不包括由主线、被交叉公路和匝道所围成的三角区用地面积。当需要征用时,单喇叭形可按4.6667~6.6667hm^2/座,双喇叭形可按8.6667~12.6667hm^2/座增加用地面积。

表7.1.4-2 枢纽互通式立体交叉用地指标(hm^2/座)

立交形式	Y形	Ⅰ形	Ⅱ形	Ⅲ形	Ⅳ形	Ⅴ形
交叉肢数	三肢	四肢	四肢	四肢	四肢	四肢
用地指标	46.3333	50.6667	54.0000	56.6667	65.3333	46.6667

7.1.5 当一般互通式立体交叉满足下述条件之一时,可按表7.1.5对用地指标进行调整。

1. 转弯交通量较大,匝道需采用较高指标方可满足通行能力;

2. 喇叭形互通式立体交叉环形匝道半径大于65m;

3. 菱形互通式立体交叉两平交口间距大于200m;

4. 受地形、地物影响,互通式立体交叉难以按照常规紧凑布设。

表 7.1.5　一般互通式立体交叉用地指标调整系数

地形类别	Ⅰ、Ⅱ类					Ⅲ类			
立交形式	单喇叭形		双喇叭形	半苜蓿叶形	菱形	单喇叭形	双喇叭形	半苜蓿叶形	菱形
交叉肢数	三肢	四肢	四肢	四肢	四肢	三肢、四肢	四肢	四肢	四肢
调整系数	1.15	1.10	1.15	1.15	1.10	1.10	1.10	1.15	1.15

注：荒滩、戈壁、沙漠等地区的一般互通式立体交叉的用地指标，当交通量及行车安全需要时可按Ⅰ类地形区指标的1.2～1.5倍调整。

7.1.6　当枢纽互通式立体交叉满足下述条件之一时，可按表7.1.6对用地指标进行调整。主线为一级公路的互通式立体交叉的用地指标一般不宜调整。

1. 匝道同向分岔、合流按照主线分岔、合流设计；
2. 左转弯匝道设计速度大于60km/h；
3. 混合式互通式立体交叉环形匝道半径大于75m；
4. 主线与被交叉公路交叉角度小于70°；
5. 受地形、地物影响，互通式立体交叉难以按照常规紧凑布设。

表 7.1.6　枢纽互通式立体交叉用地指标调整系数

立交形式	Y形	Ⅰ形	Ⅱ形	Ⅲ形	Ⅳ形	Ⅴ形
交叉肢数	三肢	四肢	四肢	四肢	四肢	四肢
调整系数	1.35	1.20	1.25	1.15	1.10	1.10

7.1.7　五肢及五肢以上的枢纽互通式立体交叉，可按照审查批准的设计方案计算用地面积。

7.1.8　复合式互通式立体交叉的用地指标可参照其中的子互通式立体交叉用地指标合计值确定；本章指标中未列出的其他形式或变异形式互通式立体交叉，其用地指标可参照本章指标列出的相近形式的互通式立体交叉用地指标及调整系数采用。

7.1.9 一般互通式立体交叉中连接主线与被交叉公路的匝道,当其与主线的交叉点至与被交叉公路的交叉点的长度超过550m时,其超出部分的用地应计为公路工程项目连接线的用地,所需建设用地面积根据连接线公路技术等级及其所含分项工程按本建设用地指标第四~九章的相关规定计算并单独计列。

7.1.10 当互通式立体交叉的主线和被交叉公路的长度和宽度与本章指标编制采用的值不同时,可分别按主线及被交叉公路的长度和宽度对用地指标进行调整。

1. 长度调整按式(7.1.10-1)计算:

$$S_L = (L - L_0) \times S_J \tag{7.1.10-1}$$

式中:S_L——长度增减指标调整值(hm^2);

L——主线或被交叉公路实际长度(km);

L_0——主线或被交叉公路指标计算采用长度(km),按表7.1.3查取;

S_J——路基工程用地指标,从表4.0.5-1~表4.0.5-6中查取。

2. 宽度调整按式(7.1.10-2)计算:

$$S_W = L \times (W - W_0) \times S_{JD} \tag{7.1.10-2}$$

式中:S_W——宽度增减指标调整值(hm^2);

L——主线或被交叉公路实际长度(km);

W——主线或被交叉公路实际宽度(m);

W_0——主线或被交叉公路指标计算采用宽度(m),按表7.1.3查取;

S_{JD}——路基工程用地指标宽度调整指标,从表4.0.7中查取。

第二节 分离式立体交叉和天桥

7.2.1 分离式立体交叉用地指标适用于主线下穿的分离式立体

交叉工程,天桥用地指标适用于车行天桥,两者均不考虑被交叉公路的技术等级及长度变化。

7.2.2 分离式立体交叉和天桥的用地指标一般不应超过表7.2.2的规定。

表7.2.2 分离式立体交叉和天桥用地指标(hm^2/座)

交叉类别	地形类别	被交叉公路长度(m)	被交叉公路宽度(m)	用地指标
分离式立体交叉	Ⅰ、Ⅱ类	700	12	2.2120
	Ⅲ类	500	10	1.4800
天桥	Ⅰ、Ⅱ类	700	6	1.7920
	Ⅲ类	500	6	1.2800

7.2.3 主线上跨的分离式立体交叉工程,当被交叉公路需改线时,可采用本节指标计算用地面积,但结果应按本建设用地指标第九章中的规定计入改移工程用地面积。

第三节 通 道

7.3.1 通道用地指标包括通道进出口两端被交叉道路顺接所需的用地面积,不包括通道范围主线路基的用地面积,适用于汽车通道和机耕通道。

7.3.2 通道的用地指标可按0.0960hm^2/座取值。

第四节 平 面 交 叉

7.4.1 T形和十字形平面交叉的用地指标包括平面交叉设置的附加车道和加铺转角等的用地面积,不包括相交公路路基自身的用地面积。

7.4.2 T形和十字形平面交叉的用地指标一般不应超过表7.4.2的规定。

表 7.4.2 T 形和十字形平面交叉用地指标(hm^2/处)

主要公路设计速度(km/h)	100	80	60	40	30 及以下
T 形平面交叉	0.1733	0.1400	0.1000	0.0667	0.0190
十字形平面交叉	0.2467	0.1867	0.1267	0.0933	

7.4.3 环形平面交叉的用地由环岛、环形车道及加铺转角等部分的用地组成,应按审查批准的环形平面交叉方案计算用地面积。

第八章　沿线设施用地指标

第一节　一 般 规 定

8.1.1　沿线设施用地指标按收费设施、服务设施、监控通信设施和养护设施等分类编制。

8.1.2　沿线设施用地指标按场区平面面积编制计算，不包括场区边缘外的填(挖)方边坡、边沟以及与主线连接道路的用地面积，此部分用地面积应按实际设计方案计算。

第二节　收 费 设 施

8.2.1　收费设施用地指标包括主线收费站管理设施、主线收费广场和互通式立体交叉匝道收费站管理设施等用地指标，互通式立体交叉匝道收费广场用地面积在本建设用地指标第七章第一节中计算。

8.2.2　主线收费站管理设施和互通式立体交叉匝道收费站管理设施的用地指标不宜超过表8.2.2的规定。

表8.2.2　收费站管理设施用地指标(hm^2/座)

收费设施类型	公路技术等级	用地指标
主线收费站	高速公路	1.5333
	一级公路	0.8667
匝道收费站	—	0.6000

8.2.3　主线收费广场用地指标按相应路段的交通量及收费车道数确定，不宜超过表8.2.3的规定。

表 8.2.3　主线收费广场用地指标(hm^2/座)

路段交通量 Q (pcu/d)	收费车道数		用地指标	每增减一个收费车道调整指标
	进口	出口		
$Q>100000$	13	21	9.8154	0.3596
$60000<Q\leqslant 100000$	11	17	6.3538	0.2984
$45000<Q\leqslant 60000$	8	13	3.7814	0.2411
$25000<Q\leqslant 45000$	8	10	3.0938	0.2228
$Q\leqslant 25000$	5	7	1.1966	0.1449

注:1. 表中路段交通量应采用主线收费广场所在路段的预测第 20 年交通量。

2. 表中用地指标包含主线收费广场的过渡段用地面积,不含主线路基宽度范围内的用地面积。

3. 当实际收费车道数与表中指标编制采用值不同时,应按实际收费车道数调整用地指标。

第三节　服 务 设 施

8.3.1　服务设施分为服务区和停车区。服务区用地指标包括停车场、公共厕所、加油站、车辆维修站和餐饮与小卖部的用地面积;停车区用地指标包括停车场、公共厕所、休息长凳的用地面积。

8.3.2　服务区用地指标一般条件(即服务区所在路段按车道数可承载的通常交通量和大型车比例)下的基准值按表 8.3.2-1 取值。当实际建设的服务区所在路段的交通量和大型车比例与基准值的编制条件不同时,其用地指标按表 8.3.2-2 中的系数进行调整。

8.3.3　停车区用地指标一般条件(即停车区所在路段按车道数可承载的通常交通量和大型车比例)下的基准值按表 8.3.3-1 取值。当实际建设的停车区所在路段的交通量和大型车比例与基准值的编制条件不同时,其用地指标按表 8.3.3-2 中的系数进行调整。

表 8.3.2-1 服务区用地指标基准值(hm^2/处)

公路技术等级	车道数	用地指标基准值	编制条件	
			路段交通量 Q(pcu/d)	大型车比例 μ(%)
高速公路	八	9.5333	$60000 \leqslant Q < 80000$	$20 < \mu \leqslant 30$
	六	7.6000	$45000 \leqslant Q < 60000$	$20 < \mu \leqslant 30$
	四	6.5333	$25000 \leqslant Q < 40000$	$20 < \mu \leqslant 30$
一级公路	六	4.8667	$30000 \leqslant Q < 55000$	$20 < \mu \leqslant 30$
	四	4.2667	$15000 \leqslant Q < 30000$	$20 < \mu \leqslant 30$
二级公路	二	1.6667	$Q < 15000$	$20 < \mu \leqslant 30$

注:表中路段交通量应采用服务区所在路段的预测第 20 年交通量。

表 8.3.2-2 服务区用地指标调整系数

公路技术等级	车道数	路段交通量 Q (pcu/d)	大型车比例 μ(%)				
			$\mu \leqslant 10$	$10 < \mu \leqslant 20$	$20 < \mu \leqslant 30$	$30 < \mu \leqslant 40$	$\mu > 40$
高速公路	八	$80000 \leqslant Q < 100000$	0.65	0.93	1.09	1.24	1.36
		$60000 \leqslant Q < 80000$	0.59	0.82	1.00	1.14	1.24
	六	$60000 \leqslant Q < 80000$	0.73	0.99	1.20	1.38	1.51
		$45000 \leqslant Q < 60000$	0.59	0.85	1.00	1.12	1.25
	四	$40000 \leqslant Q < 55000$	0.64	0.90	1.09	1.25	1.35
		$25000 \leqslant Q < 40000$	0.60	0.85	1.00	1.15	1.25
一级公路	六	$30000 \leqslant Q < 55000$	0.59	0.86	1.00	1.14	1.20
	四	$15000 \leqslant Q < 30000$	0.61	0.84	1.00	1.16	1.23
二级公路	二	$Q < 15000$	0.79	0.91	1.00	1.08	1.12

表 8.3.3-1　停车区用地指标基准值(hm^2/处)

公路技术等级	车道数	用地指标基准值	编制条件	
			路段交通量 Q(pcu/d)	大型车比例 μ(%)
高速公路	八	2.5000	$60000 \leqslant Q < 80000$	$20 < \mu \leqslant 30$
	六	2.1333	$45000 \leqslant Q < 60000$	$20 < \mu \leqslant 30$
	四	1.6667	$25000 \leqslant Q < 40000$	$20 < \mu \leqslant 30$
一级公路	六	1.3333	$30000 \leqslant Q < 55000$	$20 < \mu \leqslant 30$
	四	0.6667	$15000 \leqslant Q < 30000$	$20 < \mu \leqslant 30$
二级公路	二	0.3333	$Q < 15000$	$20 < \mu \leqslant 30$

注:表中路段交通量应采用停车区所在路段的预测第 20 年交通量。

表 8.3.3-2　停车区用地指标调整系数

公路技术等级	车道数	路段交通量 Q (pcu/d)	大型车比例 μ(%)				
			$\mu \leqslant 10$	$10 < \mu \leqslant 20$	$20 < \mu \leqslant 30$	$30 < \mu \leqslant 40$	$\mu > 40$
高速公路	八	$80000 \leqslant Q < 100000$	0.92	1.02	1.11	1.19	1.26
		$60000 \leqslant Q < 80000$	0.87	0.93	1.00	1.06	1.10
	六	$60000 \leqslant Q < 80000$	0.97	1.04	1.12	1.19	1.25
		$45000 \leqslant Q < 60000$	0.82	0.91	1.00	1.09	1.16
	四	$40000 \leqslant Q < 55000$	1.01	1.11	1.20	1.30	1.39
		$25000 \leqslant Q < 40000$	0.81	0.92	1.00	1.08	1.16
一级公路	六	$30000 \leqslant Q < 55000$	0.80	0.90	1.00	1.05	1.10
	四	$15000 \leqslant Q < 30000$	0.80	0.90	1.00	1.10	1.15
二级公路	二	$Q < 15000$	1.00	1.00	1.00	1.00	1.00

8.3.4　服务设施出入口加减速车道用地指标,Ⅰ类地形区一般不宜超过 3.4hm^2/处,Ⅱ、Ⅲ类地形区一般不宜超过 4.0hm^2/处。

8.3.5　经主管部门批准,服务区可与公共汽车停靠站、长途汽车站、物流中心、公路治理超限超载站、联合执法站等设施合建。与服务区合建的设施的用地面积应单独计列。

8.3.6 当服务设施需要承担公路交通应急保障功能时，其用地面积应根据实际设计方案增加。

第四节 监控通信设施

8.4.1 监控通信设施一般分为省监控通信中心、路段监控通信分中心、路段监控通信站和桥隧监控通信站。

8.4.2 省监控通信中心一般每省(自治区、直辖市)设一处，宜与省管理中心合并设置，其用地面积根据主管部门批准的设计方案计算确定。

8.4.3 公路路段监控通信分中心、路段监控通信站和桥隧监控通信站应根据项目实际需要设置，其用地指标不宜超过表8.4.3的规定。

表8.4.3 监控通信设施用地指标(hm^2/处)

路段监控通信分中心	路段监控通信站	桥隧监控通信站
1.7333	0.8667	0.5333

8.4.4 公路路段监控通信分中心宜与相关管理设施合并建设。在有条件时宜将多项目的路段监控通信分中心合并建设。

8.4.5 桥隧监控通信站可多座桥梁或隧道合并设置，或与路段监控通信站合并设置。

第五节 养护设施

8.5.1 养护设施分为养护工区、道班房和桥隧养护管理站。养护工区一般在高速公路和一级公路上设置；道班房主要在二、三、四级公路上设置；桥隧养护管理站一般在独立特大桥、隧道或桥梁、隧道群处设置。

8.5.2 养护工区和道班房用地指标不宜超过表8.5.2的规定。

表 8.5.2 养护工区和道班房用地指标(hm^2/处)

养护设施类别	用地指标
高速公路养护工区	2.5333
一级公路养护工区	1.8000
二级公路道班房	1.2000
三级公路道班房	0.8000
四级公路道班房	0.6000

8.5.3 桥隧养护管理站的用地指标不宜超过0.5333 hm^2/处。当需要单独设置桥隧变电站时,其用地指标可按 0.0800hm^2/处计算。

8.5.4 养护工区可按项目需要分路段设置,有条件时宜多项目合并建设;桥隧养护管理站根据特大桥、隧道养护管理的实际需要设置,宜与桥隧监控通信站合并设置。

8.5.5 北方积雪冰冻地区的养护设施可考虑取暖、除雪等因素,适当增加不超过 15% 的面积。

第六节 其　　他

8.6.1 公路治理超限超载站可按实际功能需要并经主管部门批准的建设规模确定用地面积,每处不宜超过 4hm^2。

8.6.2 根据有关规定需增加的其他设施,可按实际需要并经主管部门批准确定用地面积。

第九章　用地指标的调整

9.0.1　当公路通过软土、沼泽地区，经设计验算及地基加固方案论证，必须设置反压护道时，应按设计增加用地面积。设计文件中应就设置反压护道的必要性及反压护道部分增加的用地面积予以专门叙述。

9.0.2　公路通过地震动峰值加速度大于或等于0.10g的地区，当下卧地基被判定为可液化土，并确定需要加固地基时，应按设计的加固处理范围计算用地面积，其超过公路路基用地指标的部分，应按设计计算数量增加用地面积。

9.0.3　当公路通过滑坡、崩坍、岩堆和泥石流地区时，应按特殊路基整治设计的工程范围增加需要的用地面积，并应在设计文件中专门叙述。

9.0.4　当公路通过多年冻土地区时，应根据冻土的类型、性质及现象等因素，采取保护冻土的措施，避免破坏自然生态环境；并应结合路面的吸热和散热特性，按照保护冻土的要求进行设计，增加需要的用地面积，在设计文件中专门叙述。

9.0.5　当高速公路、一级公路或二级公路通过强膨胀土或中等膨胀土地段时，应按设计的路基边坡坡度计算所需增加的公路用地宽度，增加相应的用地面积。对通过强膨胀土地段、填土高度小于1m的路床，应换填非膨胀土，尚应计入所需增加的取、弃土场用地。

9.0.6　当公路通过盐渍土地区时，应根据盐渍土的含盐性质、盐渍化程度，当地气象、水文条件，路基填料的土类等因素进行处治设计，并应根据处治范围增加需要的用地面积，在设计文件中专门叙述。

9.0.7　当公路通过涎流冰地段时，应根据地形、气象，涎流冰的水源、类型、规模、危害情况，结合路线位置，确定路基高度及需要设置的防护设施,并增加需要的用地面积,在设计文件中专门叙述。

9.0.8 当公路工程项目需建设防灾设施时,应根据防治的灾害种类、危害情况,结合地形、路线位置,按相关主管部门批准后的设计方案增加用地。

9.0.9 当公路工程项目经土、石方合理调配,并通过技术、经济比较利用了可供利用的挖方量后,仍不能满足路基填方需要,必须借土时,宜结合当地的土壤性质和水文地质条件集中取土。取土场的位置及取土面积应在占用土地表中按各取土场的位置单独计列,并应在设计说明中予以专门叙述。

9.0.10 公路工程项目在技术、经济合理的前提下,经土、石方调配移挖作填后剩余的弃方,应结合当地的地形条件,尽可能选择荒地作为弃土场。弃土场用地应在占用土地表中按各弃土场的位置单独计列,并应在设计说明中予以专门叙述。

9.0.11 公路工程项目建设用地总指标在经土地管理部门审查批准后,各分项工程的用地面积,可根据工程本身逐步进展的实际情况,在批准的总指标内适当调整。

9.0.12 当公路工程项目涉及用地界外的改路、改河、改沟、改渠、改移输电和通信线路以及专业管道的用地和拆迁还建补偿用地时,应按实际需要的数量单独计列,并应在设计说明中予以专门叙述。

附录 A　各级公路设计速度与路基宽度

根据《公路工程技术标准》(JTG B01—2003)和《公路路线设计规范》(JTG D20—2006)的规定,各级公路设计速度、路基宽度一般值及其对应关系见附表 A-1、附表 A-2。

附表 A-1　整体式路基

公路技术等级	高速公路							
设计速度(km/h)	120			100			80	
车道数	8	6	4	8	6	4	6	4
路基宽度(m)	42.00	34.50	28.00	41.00	33.50	26.00	32.00	24.50

公路技术等级	一级公路				
设计速度(km/h)	100		80		60
车道数	6	4	6	4	4
路基宽度(m)	33.50	26.00	32.00	24.50	23.00

公路技术等级	二级公路		三级公路		四级公路	
设计速度(km/h)	80	60	40	30	20	
车道数	2	2	2	2	2 或 1	
路基宽度(m)	12.00	10.00	8.50	7.50	6.50	4.50

附表 A-2　高速公路、一级公路分离式路基

公路技术等级	高速公路							
设计速度(km/h)	120			100			80	
车道数	8	6	4	8	6	4	6	4
路基宽度(半幅)(m)	22.00	17.00	13.75	21.75	16.75	13.00	16.00	12.25

公路技术等级	一级公路				
设计速度(km/h)	100		80		60
车道数	6	4	6	4	4
路基宽度(半幅)(m)	16.75	13.00	16.00	12.25	11.25

附录 B　土地利用现状分类

根据《中华人民共和国土地管理法》、国家质量监督检验检疫总局和国家标准委员会发布的《土地利用现状分类》(GB/T 21010—2007)的规定,土地利用现状分类见附表 B。

附表 B 《中华人民共和国土地管理法》与《土地利用现状分类》"三大类"对照表

《中华人民共和国土地管理法》规定的三大类	《土地利用现状分类》规定的土地分类	
	一级类编码	一级类名称(二级类名称)
农用地	01	耕地(水田、水浇地、旱地)
	02	园地(果园、茶园、其他园地)
	03	林地(有林地、灌木林地、其他林地)
	04	草地(天然牧草地、人工牧草地)
	10	交通用地(农村道路)
	11	水域及水利设施用地(坑塘水面、沟渠)
	12	其他土地(设施农用地、田坎)
建设用地	05	商服用地(批发零售、住宿餐饮、商务金融等用地)
	06	工矿仓储用地(工业、采矿、仓储用地)
	07	住宅用地(城镇住宅用地、农村宅基地)
	08	公共管理与公共服务设施用地(机关、科教、医卫等)
	09	特殊用地(军事、使领馆、监教场所等用地)
	10	交通运输用地(铁路、公路、机场、港口、运输等用地)
	11	水域及水利设施用地(水库水面、水工建筑用地)
	12	其他土地(空闲地)
未利用地	04	草地(其他草地)
	11	水域及水利设施用地(河流、湖泊水面和滩涂等)
	12	其他土地(盐碱地、沼泽地、沙地、裸地)

附录 C　术语和符号

第一节　术　　语

1　Ⅰ类地形区

地形无明显起伏，地面自然坡度小于或等于 3°的平原地区。

2　Ⅱ类地形区

地形起伏不大，地面自然坡度为 3°～20°，相对高差在 200m 以内的微丘地区。

3　Ⅲ类地形区

地形起伏较大，地面自然坡度大于 20°，相对高差在 200m 以上的重丘或山岭地区。

4　具干线功能的公路

过境直通交通量较大，运行速度、通行能力和服务水平要求较高，对区域经济社会发展有重要作用的一级公路和二级公路。

5　整体式路基

公路上下行方向两半幅直接相接或中间按规定宽度分隔，两半幅设计高程统一控制、基本处于同一平面的路基。

6　分离式路基

公路上下行方向两半幅分离且中间分隔的宽度不固定，两半幅设计高程分别控制、一般不在同一平面的路基。

7　边坡联体分离式路基

两半幅之间的边坡以单向边坡形式共用相联的分离式路基。

8　两幅完全分离式路基

两半幅之间的边坡不共用、各自独立的分离式路基。

9　路基平均计算（填挖）高度

路基边坡高度较小一侧的路基边缘设计高程与坡脚（或坡顶）地面高程之差按路段长度加权计算的平均值。

10 护坡道宽

护坡道的水平宽度。在路堤边坡坡底与排水沟之间设置的为保护路堤边坡稳定、防止水流直接冲刷、浸泡边坡的平台称为护坡道。

11 碎落台宽

碎落台的水平宽度。在路堑边坡坡底与边沟之间设置的为保护路堑边坡稳定、减少边坡和坡顶碎落物占用路基宽度、保证通行能力和行车安全的平台称为碎落台。

12 边坡平台宽

边坡平台的水平宽度。当路基边坡较高、需分级设置时,为了边坡稳定,在分级边坡之间设置的平台称为边坡平台。

13 边沟顶宽

路堤排水沟、路堑边沟或截水沟横截面顶口的水平宽度。

14 用地界宽

路堤两侧排水沟外边缘(无排水沟时为路堤或护坡道坡脚)以外,或路堑坡顶截水沟外边缘(无截水沟为坡顶)以外至用地界的宽度。

15 桥梁跨径长度

不包含桥台长度的桥梁长度(桥梁两端桥台前缘之间的桥梁长度)。

16 枢纽互通式立体交叉

高速公路间,或高速公路与具干线功能的一级公路间,或具干线功能的一级公路间的互通式立体立交。

第二节 符 号

hm^2——面积单位,公顷;

pcu/d——折合成小客车的年平均日交通量单位。

本指标用词说明

一、条文中反映严格程度的用词

1. 表示很严格,非这样做不可的用词:

正面词采用"必须";反面词采用"严禁"。

2. 表示严格,在正常情况下均应这样做的用词:

正面词采用"应";反面词采用"不应"或"不得"。

3. 表示允许稍有选择,在条件许可时首先应这样做的用词:

正面词采用"宜";反面词采用"不宜"。

4. 表示有选择,在一定条件下可以这样做的用词:

正面词"可"。

二、条文中对指定的标准、规范执行的严格程度的写法

必须按指定的标准、规范执行的写法为:"应按……执行"或"应符合……的规定";非必须按所指定的标准、规范执行的写法为:"可参照……执行"。

附加说明

公路工程项目建设用地指标
编制单位和主要起草人名单

主 编 单 位： 交通运输部规划研究院

参 编 单 位： 广东省交通运输厅
陕西省交通运输厅
中交公路规划设计院有限公司
国土资源部土地整理中心

主要起草人： 关昌余　王身高　杜　帅　刘　颖　杜江涛
覃　莉　刘扬洲　杨　星　范瀑媚　赵君黎
王永平　伍　文

附件

《公路工程项目建设用地指标》

条 文 说 明

目　　录

第一章　总　　则

1.0.1　我国人多地少,后备土地资源严重不足,而我国经济的快速发展,又使得对土地的需求不断增加。可用土地资源的不断减少,不仅影响到我国经济的可持续发展,而且也威胁着子孙后代的生存。坚持科学发展观,节约集约使用土地,"十分珍惜、合理利用土地和切实保护耕地"是我国的基本国策。近年来,随着我国基础设施建设的蓬勃发展,土地资源面临越来越紧缺的严峻形势。国务院多次下发文件,要求实行最严格的耕地保护制度,强化节约集约用地政策,"制订和实施新的土地使用标准","制定工程项目建设用地定额标准",从严控制征地规模。

1999 年发布的《公路建设项目用地指标》(建标〔1999〕278 号,以下简称原指标)是 20 世纪 90 年代编制的。随着公路建设的快速发展,公路建设理念和技术不断更新,技术标准、规范也随之发生变化,公路建设出现了许多新的情况、新的特点,原指标很多内容已不适应现在的需要。

本次修订在上述背景下,以节约、集约用地为出发点和归结点,遵照国家有关法律、法规,以相关标准和规范为依据进行修订编制工作。

1.0.2　本条说明本建设用地指标的作用,既是编制、审查公路建设项目可行性研究报告及初步设计文件过程中确定项目建设用地规模的依据,又是核定和审批公路建设项目用地面积的尺度。

本建设用地指标不能作为确认土地使用权的依据。

1.0.3　本条规定本建设用地指标的适用范围,主要适用于新建的除等外公路以外的各级公路工程项目。

对于改建、扩建公路工程项目,受原有条件限制,情况比较复杂,且改建、扩建的内容、规模和方式较多。因此规定可参照本建设用地指标执行。对于扩建公路工程项目,当采用新建半幅的分离式路基或另择线位新建整幅路基的方式时，其情况与新建公路相似，因此规定按新建项目使用本建设用地指标。

对于国防、工矿、农林等专用公路工程项目，因有特殊要求，亦规定可参照本建设用地指标执行，并根据实际需要适当调整。

对于等外公路，由于各地情况差别较大，且绝大多数由地方政府进行建设管理，因此规定由省级主管部门另行制订（根据需要）。

1.0.4 本条说明本建设用地指标中总体指标和分项指标的适用条件以及公路工程项目总建设用地指标面积的计算方法。

1.0.5 本条对本建设用地指标所指的面积及土地的含义进行解释。

由于我国幅员辽阔，地形复杂，地面自然坡度千差万别，难以按地面自然坡度计算土地面积，因此按水平投影计算，这也是公路研究和设计沿用的传统方法。

土地分类依据《中华人民共和国土地管理法》、国家质量监督检验检疫总局和国家标准委员会发布的《土地利用现状分类》（GB/T 21010—2007）的规定。其中农用地包括耕地、园地、林地、牧草地等。

1.0.6 公路从规划、可行性研究、设计到施工是一个逐步深化的过程，各阶段所提出的土地占用数量是逐步准确的。到施工阶段，由于受地面自然坡度、公路分割所造成的边角地以及无法恢复的其他占地等因素的影响，公路实际征地可能与设计计算和土地预审用地面积存在差异，这种差异是难以避免的，但应进行控制。因此规定以公路建设项目可行性研究土地预审批复用地规模为参照，实际征地数量可在一定幅度内变化，具体可变化的幅度值由土地审批主管部门确定，以便提供控制管理的灵活性。

1.0.7 公路建设应结合交通量的增长分阶段进行新建、改建和扩建，以合理有效利用土地。分阶段的原则是，既要防止过早建设超过需要的标准和规模的项目，占用过多土地资源，又要避免工程建成不久就改、扩建，造成损失，影响运营。如需预留发展用地，可根据土地利用总体规划、交通发展规划,并经充分论证,报相关主管部门批准后确定。

1.0.8 公路工程项目建设用地,必须贯彻执行《中华人民共和国土地管理法》、《中华人民共和国公路法》、《国务院关于深化改革严格土地管理的决定》(国发〔2004〕28 号)和《国务院关于促进节约集约用地的通知》(国发〔2008〕3 号)等国家相关建设、土地管理、环境保护的法律、法规。公路建设用地在满足工程实施、安全运营、管理养护等要求的基础上,应采取有效措施,尽可能节约集约用地,严格保护耕地。如:对取、弃土场,凡符合要求、运距合理的,应尽量与地方协议,与地方建设结合起来;在某些平原地区找不到集中取土场,或填料不符合要求时,可就近取土,做成沟渠,并应尽量少占耕地;因地制宜,结合具体情况,采取相应措施,切实做到科学、合理、节约、集约用地和严格保护耕地。

第二章　节约集约用地的基本规定

第一节　总 体 要 求

2.1.1　土地利用总体规划是国家从宏观方面配置土地资源，实现平衡协调、可持续发展的重要规划，公路建设用地应符合土地利用总体规划，正确处理公路建设与农业及国家整体社会经济发展的关系，切实贯彻节约集约用地原则，加强耕地特别是基本农田保护，这对于保障公路建设健康、可持续发展具有重大而深远的意义。

2.1.2　公路建设用地所涉及的因素很多，如技术标准、路线方案、工程规模、设计理念及其精细程度、施工组织等，均会影响公路建设用地的数量。因此，公路建设应在满足工程建设、安全运营、管理养护、环境保护等基础上，通过科学规划、精心设计、规范施工、严格管理等途径，提高全过程管理和技术水平，有效控制占地数量，积极采取各种措施节约集约用地，并积极进行改地、造地、复垦，促进建设用地的优化配置和科学利用。

第二节　公路建设前期研究

2.2.1　公路规划是公路建设的最初阶段，涉及的范围广、数量多，在此阶段深入考虑用地问题，切实贯彻节约集约用地政策，其效果是最高效和最显著的。因此，应特别重视公路规划中的节约集约用地问题，科学合理地进行规划，避免由于规划不合理而造成重复、反复建设及由此带来的土地资源的极大浪费。

2.2.2　公路建设项目立项研究阶段是公路合理配置利用土地资源的首要环节，应立足于扎实的调查研究和科学的分析论证，综合考虑土地、环境、资金等技术经济条件，根据地区社会和经济的发展需要、现有路网状况和交通发展需求,科学确定项目是否立项建设,努力提高决策的科学性和准确性,避免重复建设,以求最有效地避免土地资源的浪费。

2.2.3 公路建设项目工程可行性研究阶段确定路线方案、技术标准和工程规模等项目关键内容,采取有效措施节约用地能够取得显著的效果。应切实贯彻节约用地政策,少占耕地,尽量避让基本农田和经济作物区。在深入调查的基础上,应结合占用土地情况论证比选路线走廊带和主要控制点,合理确定技术标准和建设规模。

第三节 公路设计

2.3.1 设计是贯彻节约用地的重要阶段。在设计过程中树立节约用地思想,依靠科技进步,创新设计理念,采用各种有效手段,精细设计,合理选用设计指标,深入优化设计方案,并积极应用新技术、新工艺、新材料,以达到节约用地的目的。

2.3.2 路线线位方案决定公路占用土地的类别和数量。在对路线方案进行论证比选时,用地情况和占用农田情况应作为重要影响因素加以考虑,在工程量增加不大的情况下,应优先选择能够最大限度节约土地、保护耕地的方案。

2.3.3 路线平、纵、横指标是公路实体的几何尺寸表现,决定公路的占地数量,选择合理的平、纵、横技术指标,特别是合理确定直接影响占地的车道数、中间带和硬路肩(紧急停车带)宽度等,是节约用地的重要途径。

2.3.4 路堤越高或路堑越深,占地数量越大。因此,在社会、自然环境与技术、经济条件可能的情况下,路基设计宜采取低路堤和浅路堑方案,严格控制高路堤与深路堑,以减少公路占地数量。当挖方深度大于30m、填方高度大于20m时,公路占地增加很大,对环境的破坏也很大,因此,应进行路桥(隧)方案比选,以确定合理的方案。

2.3.5 对必须通过基本农田及经济作物区的路段，为了尽可能少占基本农田及经济作物土地，应积极采取各种可行的措施，如设置边坡挡墙，采用矩形排水沟和压缩护坡道、碎落台宽度等，适当增加一些造价，以节约用地。

填方路基护坡道、挖方路基碎落台应根据实际的边坡高度和地质情况设置，在保证边坡稳定的前提下，应尽可能压缩护坡道和碎落台的宽度，避免不按实际情况全线设置统一宽度的护坡道和碎落台。当填方边坡高度不大于2m时可不设护坡道；当填方边坡高度大于2m时，根据路基填料和边坡坡率情况，高度为2～4m时可设1m宽护坡道，4～8m时可设2m宽左右的护坡道。当挖方边坡高度不大于3m时可不设碎落台。

2.3.6 在公路工程建设中，土石方的合理调配是十分必要的，既有利于降低造价，更有利于节省因取、弃土而需要的土地。应在技术经济比较的基础上，合理调配土石方，在经济运距内尽可能移挖作填。

必须设置取、弃土场时，应合理选择取、弃土场位置，与改田、造地等相结合，通过取土将荒地改造为耕地或林地，将旱地改为水田。应尽量使取、弃土用地不成为永久占地。

2.3.7 对于需要借土填筑路堤的公路，应尽可能拓展思路，广寻土源，特别是取土困难或因取土需占用较多土地的路段。在技术、经济可行的条件下，可考虑采用符合技术要求的工业废渣或利用其他建设工程（如河道整治、水库开挖、鱼塘建设等）的废弃土方进行填筑，以减少取土占地，并降低造价。

2.3.8 路基排水设施的断面形式和尺寸是影响路基占地的因素之一，应根据公路路基所处地形、路基边坡汇水面积、排水设施的泄流能力、对行车安全及环境景观的影响等方面的实际情况，经设计计算后合理确定，避免采用超过排水通过能力需要的断面形式和尺寸。

2.3.9 采用桥梁代替路堤或隧道代替路堑，能使公路占地减少到最低限度。因此，在技术、经济条件可能时，应适度提高桥隧比例，基本农田地区应尽可能提高桥隧比例。

采用桥隧工程的造价要远远高于路基工程,因此应结合我国国情综合考虑。在一些贫困地区特别是偏远山区,因经济原因,大量以桥(隧)代路很难实现;此外,还应考虑土地价值、养护费用及运营影响等因素。

2.3.10 根据近年来我国公路的建设情况以及搜集的公路工程项目设计资料样本,从平原、微丘区大多数项目实际设置桥梁情况看,由于水网密布、通道、分离式立体交叉设置较多等因素,路桥分界临界高度一般可实现按6m左右控制;地质较好、水网密度不大、人口不太密集的地区,部分桥梁桥台高度可能超过10m。从节约用地角度出发,本条规定路桥分界临界高度按最高不宜超过10m控制,山岭重丘区通过耕地路段的路桥分界临界高度,为节约宝贵的耕地,按最高不宜超过8m控制,以减少桥台和桥头引道占地。

2.3.11 推广采用一些能够降低设计高程的桥梁结构,如建筑高度低的桥梁,可降低填土高度和减短桥头引道长度,从而节约用地。

2.3.12 从环境保护、工程安全和工程经济等多方面考虑,隧道设计遵循“早进洞、晚出洞”原则已逐渐成为共识,从占用土地方面看,这样可减少洞口开挖,有效避免在洞口形成高边坡和高仰坡,从而节约用地。

2.3.13 互通式立体交叉是公路工程的重要组成部分,其形式(特别是枢纽互通式立体交叉的形式)对公路工程用地面积有很大的影响。在满足功能、安全和运营管理要求的前提下,互通式立体交叉设计应因地制宜、布局紧凑、规模适当,选用占地少、造价低的互通式立体交叉形式,以有效节约用地。

2.3.14 根据各匝道设计交通量分别确定相应的技术指标,有利于使技术指标更加符合实际需要,使互通式立体交叉设计更加合理,节约占地。

2.3.15 高速公路与一级公路交叉设置枢纽互通式立体交叉,当左转弯交通量较小时，通行能力富余较大，行车服务水平不需要太高，因此，直连或半直连匝道设计速度不宜超过60km/h，使线形紧凑，以节约占地。

建设条件复杂的枢纽互通式立体交叉，在保证通行能力和行车安全的前提下，应着重考虑节省占地、减少环境影响问题，因此，可选用较低的技术指标。

2.3.16 山岭重丘区一般互通式立体交叉，交通量相对较小，通行能力富余较大，服务水平可适当降低，环形匝道采用较低设计速度和较小圆曲线半径，有利于节约占地、减少环境破坏；对长匝道或互通式立体交叉连接线，在充分利用地形条件下，采用适当的变异形式，可有效节约占地。

2.3.17 菱形互通式立体交叉是一种最节省占地的互通式立体交叉形式，但安全性较低，对于全封闭高速公路的收费处理难度较大。对交通量较小、重要性较低的出入口互通式立体交叉，可考虑适当多采用菱形，以节省占地。

2.3.18 服务区是高速公路不可或缺的组成部分，由于功能越来越显著，其占地备受关注。服务区应根据交通需求水平、车型组成、社会服务需要、路网情况、地形条件、土地及投资等因素，统一规划，合理确定服务区间距、位置及规模。服务区的选址要尽量少占用耕地，多利用荒山、荒坡地、废弃地，并尽可能考虑与其他沿线设施等工程同址合建。

2.3.19 服务区内包括停车场、公共厕所、加油站、车辆维修站和餐饮与小卖部等多项设施，应结合具体使用功能要求、所处地形合理布置，科学分配各功能区的位置和建筑面积，追求土地高效集约利用，并使服务区功能充分发挥。

2.3.20 一些互相交叉或距离较近的公路工程项目的沿线设施，或同一个项目中的一些设施，有条件时，应尽可能同址合建，以节约用地，并减少营运费用。

2.3.21 监控通信、供电系统的管线采用共沟架设是节约用地的又一个途径，但往往受到使用要求、技术、施工条件、检查维修等因素的制约,设计时应充分调查,精细设计。

第四节 公路施工

2.4.1 公路工程项目建设无法避免占用耕地时,施工时应按照国家土地管理法的有关规定进行耕作层土壤剥离,以用于造地、复垦或恢复植被。如需设置取、弃土场,施工时应按规定进行防护,以防止水土流失,有利于完工后复垦。

2.4.2 公路工程项目施工时,施工便道、各种料场、预制场等均需临时占用土地,为减少这些临时用地面积,在满足施工要求的前提下,施工单位要根据工程进度统筹考虑,尽可能将临时用地设置在公路用地范围内,或利用荒坡、废弃地,尽量不占用耕地,特别是基本农田。项目完工后,还应按国家有关规定或者工程建设合同的要求进行复垦。

2.4.3 对集中取、弃土的场地及其他地下工程用地,一般应作为临时用地,如仍能恢复使用的,应按国家有关规定进行复垦,恢复使用;如确实不能恢复使用的,应单独计列,报有关部门审批。

2.4.4 对改、扩建公路工程项目,采取技术措施,充分利用原有的场地和设施,是减少新增用地的重要途径。改、扩建工程中废弃的旧路也要尽可能造地、复垦,以实现土地置换,占补平衡。

2.4.5 对于需要分期实施的公路工程项目,其用地规模也需要结合公路分期实施的具体情况进行统一规划,土地使用分期实施,以达到既能合理节约用地,又避免因土地规划的不合理造成前期工程废弃。

第三章　公路工程项目建设用地总体指标

3.0.1　本条说明公路工程项目建设用地总体指标包含的内容是公路工程项目的主体工程和沿线设施的用地面积。

由于公路工程项目的辅道、支线和连接线属于非主体工程，其工程规模每个项目不一样，差别较大，因此在编制总体指标值时不包括这些内容，当公路工程项目实际涉及这些用地时，应单独另行计算。

3.0.2　本条说明公路工程项目建设用地总体指标编制计算的单位及其含义，以及按总体指标计算公路工程项目总建设用地面积的方法。

3.0.3　本条说明公路工程项目当由不同技术等级或不同路基宽度路段组成时，其建设用地总体指标的计算方法。本条内容同样适用于其他章节。

3.0.4　本条说明指标编制所区分的地形类别，并规定当公路工程项目处于多个地形区时，其建设用地指标的计算方法。本条内容同样适用于其他章节。

3.0.5　本条规定公路工程项目建设用地总体指标，并列出主要编制条件参数。修订编制说明如下：

《公路工程技术标准》（JTG B01—2003）由于强调各项指标与设计速度的关系，而取消了与地形类别的关系，因此对地形类别术语及其概念没有明确定义。为了与现行公路技术标准的编制思想保持一致，同时考虑到用地指标编制的特点和需要，并保持原指标的延续性，本次修订将原指标中的平原区、微丘区、山岭重丘区依次定义为Ⅰ类、Ⅱ类、Ⅲ类地形区。但在以下的条文说明中，为了直观和易于理解，在涉及地形类别时，有时仍然使用平原区、微丘区、山岭重丘区，其概念内涵等同于Ⅰ类、Ⅱ类、Ⅲ类地形区。

总体指标是基于一定的条件编制的，为了更直接、清楚地看出总体指标的主要编制条件,修订版正式条文列出了主要编制条件参数。

编制条件参数根据《公路工程技术标准》(JTG B01—2003)、《公路路线设计规范》(JTG D20—2006)以及其他相关规范,结合近年来公路建设情况、调研和专家意见确定。路基宽度选取规范规定的一般值,路基平均计算(填挖)高度按照路基工程用地指标中统计分析的值采用。

编制条件参数是设定的,不完全是实际公路工程项目设计的采用值。当实际公路工程项目的条件参数值有较大不同时,应对用地面积进行适当调整。

总体指标修订仍然沿用原指标的方法,即先参照资料统计分析结果确定路基、桥梁、隧道、交叉、沿线设施等各分项工程的含量(所占比重),然后根据相应的分项工程用地指标计算各分项工程的用地面积,累加得到公路工程项目建设用地总体指标。

下面按照计算顺序说明总体指标的修订编制情况:

1. 交叉工程

包括互通式立体交叉、分离式立体交叉、通道、天桥和平面交叉。

(1)互通式立体交叉综合用地指标

分析各种形式互通式立体交叉的权重,结合各自的用地指标,计算出不分形式的互通式立体交叉的综合用地指标。各种形式互通式立体交叉的权重根据搜集资料的统计分析情况,结合调研和专家意见确定。

①枢纽互通式立体交叉各种形式的权重,见表3-1。

表3-1　枢纽互通式立体交叉各种形式的权重(%)

立交形式	Y形	Ⅰ形	Ⅱ形	Ⅲ形	Ⅳ形	Ⅴ形
权重	25	10	40	8	7	10

②互通式立体交叉各种形式的权重,见表3-2。

表 3-2　互通式立体交叉各种形式的权重（%）

立交形式	高速公路		一级公路	
	Ⅰ、Ⅱ类地形区	Ⅲ类地形区	Ⅰ、Ⅱ类地形区	Ⅲ类地形区
枢纽各形式	18	8	4	3
单喇叭形	68	76	71	72
双喇叭形	10	12	10	10
半苜蓿叶形	2	2	10	5
菱形	2	2	5	10

③根据各种形式互通式立体交叉的权重以及编制互通式立体交叉用地指标的工程规模的主线长度，计算出互通式立体交叉的综合主线长度，结果见表 3-3。

表 3-3　互通式立体交叉综合主线长度

立交形式		高速公路		一级公路	
		Ⅰ、Ⅱ类地形区	Ⅲ类地形区	Ⅰ、Ⅱ类地形区	Ⅲ类地形区
枢纽各形式	长度（m）	2500	2500	2500	2500
	权重（%）	18	8	4	3
单喇叭形	长度（m）	1100	1100	1100	1100
	权重（%）	68	76	71	72
双喇叭形	长度（m）	1500	1500	1500	1500
	权重（%）	10	12	10	10
半苜蓿叶形	长度（m）	1300	1300	1300	1300
	权重（%）	2	2	10	5
菱形	长度（m）	1300	1300	1300	1300
	权重（%）	2	2	5	10
综合主线长度（m/座）		1400	1268	1226	1212

④根据各种形式互通式立体交叉的权重及相应的用地指标，计算出互通式立体交叉的综合用地指标，结果见表 3-4。

表 3-4　互通式立体交叉综合用地指标

立交形式	高速公路						一级公路					
	Ⅰ、Ⅱ类地形区			Ⅲ类地形区			Ⅰ、Ⅱ类地形区			Ⅲ类地形区		
	权重	用地指标	综合用地指标	权重	用地指标	综合用地指标	权重	用地指标	综合用地指标	权重	用地指标	综合用地指标
	%	hm^2/座	hm^2/座	%	hm^2/座	hm^2/座	%	hm^2/座	hm^2/座	%	hm^2/座	hm^2/座
枢纽Y形	4.50	46.3333	2.0850	2.00	46.3333	0.9267	1.00	46.3333	0.4633	2.00	46.3333	0.3475
枢纽Ⅰ形	1.80	50.6667	0.9120	0.80	50.6667	0.4053	0.40	50.6667	0.2027	0.80	50.6667	0.1520
枢纽Ⅱ形	7.20	54.0000	3.8880	3.20	54.0000	1.7280	1.60	54.0000	0.8640	3.20	54.0000	0.6480
枢纽Ⅲ形	1.44	56.6667	0.8160	0.64	56.6667	0.3627	0.32	56.6667	0.1813	0.64	56.6667	0.1360
枢纽Ⅳ形	1.26	65.3333	0.8232	0.56	65.3333	0.3659	0.28	65.3333	0.1829	0.56	65.3333	0.1372
枢纽Ⅴ形	1.80	46.6667	0.8400	0.80	46.6667	0.3733	0.40	46.6667	0.1867	0.80	46.6667	0.1400
单喇叭形	68.00	15.9333	10.8346	76.00	15.6667	11.9067	71.00	15.9333	11.3126	76.00	15.6667	11.2800
双喇叭形	10.00	31.3333	3.1333	12.00	28.6667	3.4400	10.00	31.3333	3.1333	12.00	28.6667	2.8667
半苜蓿叶形	2.00	19.6667	0.3933	2.00	17.3333	0.3467	10.00	19.6667	1.9667	2.00	17.3333	0.8667
菱形	2.00	14.6667	0.2933	2.00	12.6667	0.2533	5.00	14.6667	0.7333	2.00	12.6667	1.2667
综合互通式立体交叉	—	—	24.0188	—	—	20.1086	—	—	19.2269	—	—	17.8407

(2)交叉工程设置间距

对交叉工程设置间距进行分析,以便确定交叉工程的含量。在参考原指标编制情况的基础上,根据本次修订搜集资料的统计分析结果,结合调研和专家意见,并综合考虑公路建设发展实际及未来趋势,确定交叉工程的设置间距。

本次修订采用的交叉工程设置间距见表3-5。

表3-5　交叉工程设置间距

公路技术等级	地形类别	车道数	路基宽度	互通式立体交叉	主线下穿分离式立体交叉	主线上跨分离式立体交叉	所有分离式立体交叉	天桥	通道	平面交叉
			m	km	km	km	km	km	km	km
高速公路	Ⅰ类	八	42	11.7	10	4	2.9	7	0.4	—
			41	11.7	10	4	2.9	7	0.4	—
		六	34.5	12.4	10	4	2.9	7	0.4	—
			33.5	12.4	10	4	2.9	7	0.4	—
			32	12.4	10	4	2.9	7	0.4	—
		四	28	13.0	8	6	3.4	8	0.5	—
			26	13.0	8	6	3.4	8	0.5	—
			24.5	13.4	8	6	3.4	8	0.5	—
	Ⅱ类	八	42	12.6	9	6	3.6	6	0.4	—
			41	12.6	9	6	3.6	6	0.4	—
		六	34.5	13.6	9	6	3.6	6	0.4	—
			33.5	13.6	9	6	3.6	6	0.4	—
			32	13.6	9	6	3.6	6	0.4	—
		四	28	14.0	8	7	3.7	7	0.5	—
			26	14.0	8	7	3.7	7	0.5	—
			24.5	14.4	8	7	3.7	7	0.5	—
	Ⅲ类	六	33.5	13.5	8	5	3.4	5	0.5	—
			32	13.5	8	5	3.4	5	0.5	—
		四	26	15.0	8	6	3.4	6	0.6	—
			24.5	15.0	8	6	3.4	6	0.6	—

续表 3-5

公路技术等级	地形类别	车道数	路基宽度	互通式立体交叉	主线下穿分离式立体交叉	主线上跨分离式立体交叉	所有分离式立体交叉	天桥	通道	平面交叉
			m	km	km	km	km	km	km	km
一级公路	Ⅰ类	六	33.5	19.0	15	10	6.0	10	1	1
			32	19.0	15	10	6.0	10	1	1
		四	26	20.0	15	10	6.0	10	1	1
			24.5	20.0	15	10	6.0	10	1	1
			23	20.0	15	10	6.0	10	1	1
	Ⅱ类	六	33.5	21.9	15	10	6.0	8	0.8	1
			32	21.9	15	10	6.0	8	0.8	1
		四	26	23.0	15	10	6.0	8	0.8	1
			24.5	23.0	15	10	6.0	8	0.8	1
			23	23.0	15	10	6.0	8	0.8	1
	Ⅲ类	四	26	25.0	15	15	7.5	12	1	1.5
			24.5	25.0	15	15	7.5	12	1	1.5
			23	25.0	15	15	7.5	12	1	1.5
二级公路	Ⅰ类	二	12	—	80	—	—	50	50	0.8
			10	—	80	—	—	50	50	0.8
	Ⅱ类	二	12	—	70	—	—	50	40	0.8
			10	—	70	—	—	50	40	0.8
	Ⅲ类	二	12	—	60	—	—	50	20	1.2
			10	—	60	—	—	50	20	1.2
三级公路	Ⅰ类	二	8.5	—	—	—	—	—	—	0.4
			7.5	—	—	—	—	—	—	0.4
	Ⅱ类	二	8.5	—	—	—	—	—	—	0.4
			7.5	—	—	—	—	—	—	0.4
	Ⅲ类	二	8.5	—	—	—	—	—	—	0.6
			7.5	—	—	—	—	—	—	0.6
四级公路	Ⅰ类	二	6.5	—	—	—	—	—	—	0.4
	Ⅱ类	二	6.5	—	—	—	—	—	—	0.4
	Ⅲ类	二	6.5	—	—	—	—	—	—	0.6
		一	4.5	—	—	—	—	—	—	0.6

(3)交叉工程综合用地面积

根据交叉工程设置间距，计算其在总体指标计量单位（公路公里）中的含量（间距值的倒数），应用交叉工程中各分项工程的用地指标（互通式立体交叉为综合用地指标），计算出交叉工程的综合用地面积，结果见表3-6。

主线上跨分离式立体交叉，其占地性质与桥梁工程相同，因此在桥梁工程综合用地面积中计算，未在交叉工程综合用地面积中计算。

2. 沿线设施

包括收费、服务、监控通信和养护设施。

(1)收费设施

收费设施包括主线收费站和互通式立体交叉匝道收费站，其中又分为收费站管理设施和收费广场，匝道收费广场用地已在互通式立体交叉中计入，在此不计。

根据调研和专家意见，并考虑公路建设发展趋势，修订编制计算采用的主线收费站间距为：高速公路130km，一级公路80km。

对于匝道收费站，不同形式互通式立体交叉的匝道收费站数不完全一致，修订按各种形式互通式立体交叉的权重计算不分形式互通式立体交叉的匝道综合收费站数，结果见表3-7。

根据国家最新政策，实行燃油税后拟逐步取消二级公路收费，因此本次修订不计二级公路收费站用地。

根据前述主线收费站间距计算其含量（座/km），按主线收费站管理设施和主线收费广场的用地指标计算其用地面积；根据表3-6中互通式立体交叉含量、表3-7中互通式立体交叉匝道综合收费站数，按匝道收费站管理设施的用地指标计算匝道收费站的用地面积。

收费设施综合用地面积计算结果见表3-8。

(2)服务设施

根据《高速公路交通工程及沿线设施设计通用规范》（JTG D80—2006）的规定，结合调研和专家意见，并考虑节约用地要求，修订计算采用的服务设施设置间距如下：

表 3-6　交叉工程综合用地面积

公路技术等级	地形类别	车道数	路基宽度	互通式立体交叉			主线下穿分离式立体交叉			天　桥			通　道			交叉工程综合用地面积
				含量	综合指标	用地面积	含量	用地指标	用地面积	含量	用地指标	用地面积	含量	用地指标	用地面积	
			m	座/km	hm²/座	hm²/km	座/km	hm²/座	hm²/km	座/km	hm²/座	hm²/km	座/km	hm²/座	hm²/km	hm²/km
高速公路	Ⅰ类	八	42	0.0855	24.0188	2.0529	0.1000	2.2120	0.2212	0.1429	1.7920	0.2560	2.5000	0.0906	0.2265	2.7566
			41	0.0855	24.0188	2.0529	0.1000	2.2120	0.2212	0.1429	1.7920	0.2560	2.5000	0.0906	0.2265	2.7566
		六	34.5	0.0810	24.0188	1.9448	0.1000	2.2120	0.2212	0.1429	1.7920	0.2560	2.5000	0.0906	0.2265	2.6485
			33.5	0.0810	24.0188	1.9448	0.1000	2.2120	0.2212	0.1429	1.7920	0.2560	2.5000	0.0906	0.2265	2.6485
			32	0.0810	24.0188	1.9448	0.1000	2.2120	0.2212	0.1429	1.7920	0.2560	2.5000	0.0906	0.2265	2.6485
		四	28	0.0769	24.0188	1.8476	0.1250	2.2120	0.2765	0.1250	1.7920	0.2240	2.0000	0.0906	0.1812	2.5293
			26	0.0769	24.0188	1.8476	0.1250	2.2120	0.2765	0.1250	1.7920	0.2240	2.0000	0.0906	0.1812	2.5293
			24.5	0.0747	24.0188	1.7938	0.1250	2.2120	0.2765	0.1250	1.7920	0.2240	2.0000	0.0906	0.1812	2.4755
	Ⅱ类	八	42	0.0794	24.0188	1.9063	0.1111	2.2120	0.2458	0.1667	1.7920	0.2987	2.5000	0.0906	0.2265	2.6772
			41	0.0794	24.0188	1.9063	0.1111	2.2120	0.2458	0.1667	1.7920	0.2987	2.5000	0.0906	0.2265	2.6772
		六	34.5	0.0736	24.0188	1.7687	0.1111	2.2120	0.2458	0.1667	1.7920	0.2987	2.5000	0.0906	0.2265	2.5396
			33.5	0.0736	24.0188	1.7687	0.1111	2.2120	0.2458	0.1667	1.7920	0.2987	2.5000	0.0906	0.2265	2.5396
			32	0.0736	24.0188	1.7687	0.1111	2.2120	0.2458	0.1667	1.7920	0.2987	2.5000	0.0906	0.2265	2.5396
		四	28	0.0714	24.0188	1.7156	0.1250	2.2120	0.2765	0.1429	1.7920	0.2560	2.0000	0.0906	0.1812	2.4293
			26	0.0714	24.0188	1.7156	0.1250	2.2120	0.2765	0.1429	1.7920	0.2560	2.0000	0.0906	0.1812	2.4293
			24.5	0.0693	24.0188	1.6657	0.1250	2.2120	0.2765	0.1429	1.7920	0.2560	2.0000	0.0906	0.1812	2.3794
	Ⅲ类	六	33.5	0.0741	20.1086	1.4895	0.1250	1.4800	0.1850	0.2000	1.2800	0.2560	2.0000	0.0906	0.1812	2.1117
			32	0.0741	20.1086	1.4895	0.1250	1.4800	0.1850	0.2000	1.2800	0.2560	2.0000	0.0906	0.1812	2.1117
		四	26	0.0667	20.1086	1.3406	0.1250	1.4800	0.1850	0.1667	1.2800	0.2133	1.6667	0.0906	0.1510	1.8899
			24.5	0.0667	0.1086	1.3406	0.1250	1.4800	0.1850	0.1667	1.2800	0.2133	1.6667	0.0906	0.1510	1.8899

续表 3-6

公路技术等级	地形类别	车道数	路基宽度	互通式立体交叉			主线下穿分离式立体交叉			天桥			通道			平面交叉			交叉工程综合用地面积
				含量	综合指标	用地面积	含量	用地指标	用地面积	含量	用地指标	用地面积	含量	用地指标	用地面积	含量	用地指标	用地面积	
			m	座/km	hm^2/座	hm^2/km	座/km	hm^2/座	hm^2/km	座/km	hm^2/座	hm^2/km	座/km	hm^2/座	hm^2/km	座/km	hm^2/座	hm^2/km	hm^2/km
一级公路	Ⅰ类	六	33.5	0.0526	19.2269	1.0119	0.0667	2.2120	0.1475	0.1000	1.7920	0.1792	1.0000	0.0906	0.0906	1.0000	0.1587	0.1587	1.5879
			32	0.0526	19.2269	1.0119	0.0667	2.2120	0.1475	0.1000	1.7920	0.1792	1.0000	0.0906	0.0906	1.0000	0.1587	0.1587	1.5879
		四	26	0.0500	19.2269	0.9613	0.0667	2.2120	0.1475	0.1000	1.7920	0.1792	1.0000	0.0906	0.0906	1.0000	0.1587	0.1587	1.5373
			24.5	0.0500	19.2269	0.9613	0.0667	2.2120	0.1475	0.1000	1.7920	0.1792	1.0000	0.0906	0.0906	1.0000	0.1587	0.1587	1.5373
			23	0.0500	19.2269	0.9613	0.0667	2.2120	0.1475	0.1000	1.7920	0.1792	1.0000	0.0906	0.0906	1.0000	0.1587	0.1587	1.5373
	Ⅱ类	六	33.5	0.0458	19.2269	0.8800	0.0667	2.2120	0.1475	0.1250	1.7920	0.2240	1.2500	0.0906	0.1133	1.0000	0.1587	0.1587	1.5233
			32	0.0458	19.2269	0.8800	0.0667	2.2120	0.1475	0.1250	1.7920	0.2240	1.2500	0.0906	0.1133	1.0000	0.1587	0.1587	1.5233
		四	26	0.0435	19.2269	0.8360	0.0667	2.2120	0.1475	0.1250	1.7920	0.2240	1.2500	0.0906	0.1133	1.0000	0.1587	0.1587	1.4793
			24.5	0.0435	19.2269	0.8360	0.0667	2.2120	0.1475	0.1250	1.7920	0.2240	1.2500	0.0906	0.1133	1.0000	0.1587	0.1587	1.4793
			23	0.0435	19.2269	0.8360	0.0667	2.2120	0.1475	0.1250	1.7920	0.2240	1.2500	0.0906	0.1133	1.0000	0.1587	0.1587	1.4793
	Ⅲ类	四	26	0.0400	17.8407	0.7136	0.0667	1.4800	0.0987	0.0833	1.2800	0.1067	1.0000	0.0906	0.0906	0.6667	0.1147	0.0764	1.0860
			24.5	0.0400	17.8407	0.7136	0.0667	1.4800	0.0987	0.0833	1.2800	0.1067	1.0000	0.0906	0.0906	0.6667	0.1147	0.0764	1.0860
			23	0.0400	17.8407	0.7136	0.0667	1.4800	0.0987	0.0833	1.2800	0.1067	1.0000	0.0906	0.0906	0.6667	0.1147	0.0764	1.0860
二级公路	Ⅰ类	二	12	—	—	—	0.0125	2.2120	0.0277	0.0200	1.7920	0.0358	0.0200	0.0906	0.0018	1.2500	0.1147	0.1433	0.2086
			10	—	—	—	0.0125	2.2120	0.0277	0.0200	1.7920	0.0358	0.0200	0.0906	0.0018	1.2500	0.1147	0.1433	0.2086
	Ⅱ类	二	12	—	—	—	0.0143	2.2120	0.0316	0.0200	1.7920	0.0358	0.0250	0.0906	0.0023	1.2500	0.1147	0.1433	0.2130
			10	—	—	—	0.0143	2.2120	0.0316	0.0200	1.7920	0.0358	0.0250	0.0906	0.0023	1.2500	0.1147	0.1433	0.2130
	Ⅲ类	二	12	—	—	—	0.0167	1.4800	0.0247	0.0200	1.2800	0.0256	0.0500	0.0906	0.0045	0.8333	0.1147	0.0956	0.1504
			10	—	—	—	0.0167	1.4800	0.0247	0.0200	1.2800	0.0256	0.0500	0.0906	0.0045	0.8333	0.1147	0.0956	0.1504

续表 3-6

公路技术等级	地形类别	车道数	路基宽度	平面交叉			交叉工程综合
				含量	用地指标	用地面积	用地面积
			m	座/km	hm^2/座	hm^2/km	hm^2/km
三级公路	Ⅰ类	二	8.5	2.5000	0.0800	0.2000	0.2000
			7.5	2.5000	0.0800	0.2000	0.2000
	Ⅱ类	二	8.5	2.5000	0.0800	0.2000	0.2000
			7.5	2.5000	0.0800	0.2000	0.2000
	Ⅲ类	二	8.5	1.6667	0.0190	0.0317	0.0317
			7.5	1.6667	0.0190	0.0317	0.0317
四级公路	Ⅰ类	二	6.5	2.5000	0.0190	0.0475	0.0475
	Ⅱ类	二	6.5	2.5000	0.0190	0.0475	0.0475
	Ⅲ类	二	6.5	1.6667	0.0190	0.0317	0.0317
		一	4.5	1.6667	0.0190	0.0317	0.0317

表 3-7　互通式立体交叉匝道综合收费站数

（收费站数/每座互通式立体交叉）

立交形式	匝道收费站数	高速公路				一级公路			
		Ⅰ、Ⅱ类地形区		Ⅲ类地形区		Ⅰ、Ⅱ类地形区		Ⅲ类地形区	
		互通立交权重	综合收费站数	互通立交权重	综合收费站数	互通立交权重	综合收费站数	互通立交权重	综合收费站数
	座	%	座	%	座	%	座	%	座
枢纽各形式	0	18	0	8	0	4	0	3	0
单喇叭形	1	68	0.68	76	0.76	71	0.71	72	0.72
双喇叭形	1	10	0.1	12	0.12	10	0.1	10	0.1
半苜蓿叶形	2	2	0.04	2	0.04	10	0.2	5	0.1
菱形	2	2	0.04	2	0.04	5	0.1	10	0.2
综合形式	—	—	0.86	—	0.96	—	1.11	—	1.12

高速公路服务区 50km，停车区 25km；一级及以下等级公路只设停车区，间距分别为：一级公路 40km，二级公路 80km，三、四级 100km。三、四级公路设停车区是考虑设置临时停车港湾、错车道等需要的占地。

服务设施用地指标的选取原则是：高速公路按基准值选取服务区和停车区指标；一级和二级公路按相应停车区基准值选取；三级和四级公路按二级公路停车区基准值选取。

服务设施综合用地面积计算结果见表 3-9。

表 3-8 收费设施综合用地面积

公路技术等级	地形类别	车道数	路基宽度	主线收费站			主线收费广场			匝道收费站			收费设施综合用地面积
				含量	用地指标	用地面积	含量	用地指标	用地面积	含量	用地指标	用地面积	
			m	座/km	hm^2/座	hm^2/km	座/km	hm^2/座	hm^2/km	座/km	hm^2/座	hm^2/km	hm^2/km
高速公路	Ⅰ类	八	42	0.0077	1.5333	0.0118	0.0077	6.3538	0.0489	0.0735	0.6000	0.0441	0.1048
			41	0.0077	1.5333	0.0118	0.0077	6.3538	0.0489	0.0735	0.6000	0.0441	0.1048
		六	34.5	0.0077	1.5333	0.0118	0.0077	3.7814	0.0291	0.0696	0.6000	0.0418	0.0827
			33.5	0.0077	1.5333	0.0118	0.0077	3.7814	0.0291	0.0696	0.6000	0.0418	0.0827
			32	0.0077	1.5333	0.0118	0.0077	3.7814	0.0291	0.0696	0.6000	0.0418	0.0827
		四	28	0.0077	1.5333	0.0118	0.0077	3.0938	0.0238	0.0662	0.6000	0.0397	0.0753
			26	0.0077	1.5333	0.0118	0.0077	3.0938	0.0238	0.0662	0.6000	0.0397	0.0753
			24.5	0.0077	1.5333	0.0118	0.0077	3.0938	0.0238	0.0642	0.6000	0.0385	0.0741
	Ⅱ类	八	42	0.0077	1.5333	0.0118	0.0077	6.3538	0.0489	0.0683	0.6000	0.0410	0.1016
			41	0.0077	1.5333	0.0118	0.0077	6.3538	0.0489	0.0683	0.6000	0.0410	0.1016
		六	34.5	0.0077	1.5333	0.0118	0.0077	3.7814	0.0291	0.0633	0.6000	0.0380	0.0789
			33.5	0.0077	1.5333	0.0118	0.0077	3.7814	0.0291	0.0633	0.6000	0.0380	0.0789
			32	0.0077	1.5333	0.0118	0.0077	3.7814	0.0291	0.0633	0.6000	0.0380	0.0789
		四	28	0.0077	1.5333	0.0118	0.0077	3.0938	0.0238	0.0614	0.6000	0.0369	0.0725
			26	0.0077	1.5333	0.0118	0.0077	3.0938	0.0238	0.0614	0.6000	0.0369	0.0725
			24.5	0.0077	1.5333	0.0118	0.0077	3.0938	0.0238	0.0596	0.6000	0.0358	0.0714
	Ⅲ类	六	33.5	0.0077	1.5333	0.0118	0.0077	3.7814	0.0291	0.0711	0.6000	0.0427	0.0835
			32	0.0077	1.5333	0.0118	0.0077	3.7814	0.0291	0.0711	0.6000	0.0427	0.0835
		四	26	0.0077	1.5333	0.0118	0.0077	3.0938	0.0238	0.0640	0.6000	0.0384	0.0740
			24.5	0.0077	1.5333	0.0118	0.0077	3.0938	0.0238	0.0640	0.6000	0.0384	0.0740

续表 3-8

公路技术等级	地形类别	车道数	路基宽度	主线收费站			主线收费广场			匝道收费站			收费设施综合用地面积
				含量	用地指标	用地面积	含量	用地指标	用地面积	含量	用地指标	用地面积	
			m	座/km	hm^2/座	hm^2/km	座/km	hm^2/座	hm^2/km	座/km	hm^2/座	hm^2/km	hm^2/km
一级公路	Ⅰ类	六	33.5	0.0125	0.8667	0.0108	0.0125	3.0938	0.0387	0.0584	0.6000	0.0351	0.0846
			32	0.0125	0.8667	0.0108	0.0125	3.0938	0.0387	0.0584	0.6000	0.0351	0.0846
		四	26	0.0125	0.8667	0.0108	0.0125	1.1966	0.0150	0.0555	0.6000	0.0333	0.0591
			24.5	0.0125	0.8667	0.0108	0.0125	1.1966	0.0150	0.0555	0.6000	0.0333	0.0591
			23	0.0125	0.8667	0.0108	0.0125	1.1966	0.0150	0.0555	0.6000	0.0333	0.0591
	Ⅱ类	六	33.5	0.0125	0.8667	0.0108	0.0125	3.0938	0.0387	0.0508	0.6000	0.0305	0.0800
			32	0.0125	0.8667	0.0108	0.0125	3.0938	0.0387	0.0508	0.6000	0.0305	0.0800
		四	26	0.0125	0.8667	0.0108	0.0125	1.1966	0.0150	0.0483	0.6000	0.0290	0.0547
			24.5	0.0125	0.8667	0.0108	0.0125	1.1966	0.0150	0.0483	0.6000	0.0290	0.0547
			23	0.0125	0.8667	0.0108	0.0125	1.1966	0.0150	0.0483	0.6000	0.0290	0.0547
	Ⅲ类	四	26	0.0125	0.8667	0.0108	0.0125	1.1966	0.0150	0.0448	0.6000	0.0269	0.0527
			24.5	0.0125	0.8667	0.0108	0.0125	1.1966	0.0150	0.0448	0.6000	0.0269	0.0527
			23	0.0125	0.8667	0.0108	0.0125	1.1966	0.0150	0.0448	0.6000	0.0269	0.0527

表 3-9　服务设施综合用地面积

公路技术等级	地形类别	车道数	路基宽度	服务区			停车区			加减速车道			收费设施综合用地面积
				含量	用地指标	用地面积	含量	用地指标	用地面积	含量	用地指标	用地面积	
			m	处/km	hm²/处	hm²/km	处/km	hm²/处	hm²/km	km/km	hm²/处	hm²/km	hm²/km
高速公路	Ⅰ类	八	42	0.0200	9.5333	0.1907	0.0400	2.5000	0.1000	0.0600	3.4000	0.2040	0.4947
			41	0.0200	9.5333	0.1907	0.0400	2.5000	0.1000	0.0600	3.4000	0.2040	0.4947
		六	34.5	0.0200	7.6000	0.1520	0.0400	2.1333	0.0853	0.0600	3.4000	0.2040	0.4413
			33.5	0.0200	7.6000	0.1520	0.0400	2.1333	0.0853	0.0600	3.4000	0.2040	0.4413
			32	0.0200	7.6000	0.1520	0.0400	2.1333	0.0853	0.0600	3.4000	0.2040	0.4413
		四	28	0.0200	6.5333	0.1307	0.0400	1.6667	0.0667	0.0600	3.4000	0.2040	0.4013
			26	0.0200	6.5333	0.1307	0.0400	1.6667	0.0667	0.0600	3.4000	0.2040	0.4013
			24.5	0.0200	6.5333	0.1307	0.0400	1.6667	0.0667	0.0600	3.4000	0.2040	0.4013
	Ⅱ类	八	42	0.0200	9.5333	0.1907	0.0400	2.5000	0.1000	0.0600	4.0000	0.2400	0.5307
			41	0.0200	9.5333	0.1907	0.0400	2.5000	0.1000	0.0600	4.0000	0.2400	0.5307
		六	34.5	0.0200	7.6000	0.1520	0.0400	2.1333	0.0853	0.0600	4.0000	0.2400	0.4773
			33.5	0.0200	7.6000	0.1520	0.0400	2.1333	0.0853	0.0600	4.0000	0.2400	0.4773
			32	0.0200	7.6000	0.1520	0.0400	2.1333	0.0853	0.0600	4.0000	0.2400	0.4773
		四	28	0.0200	6.5333	0.1307	0.0400	1.6667	0.0667	0.0600	4.0000	0.2400	0.4373
			26	0.0200	6.5333	0.1307	0.0400	1.6667	0.0667	0.0600	4.0000	0.2400	0.4373
			24.5	0.0200	6.5333	0.1307	0.0400	1.6667	0.0667	0.0600	4.0000	0.2400	0.4373
	Ⅲ类	六	33.5	0.0200	7.6000	0.1520	0.0400	2.1333	0.0853	0.0600	4.0000	0.2400	0.4773
			32	0.0200	7.6000	0.1520	0.0400	2.1333	0.0853	0.0600	4.0000	0.2400	0.4773
		四	26	0.0200	6.5333	0.1307	0.0400	1.6667	0.0667	0.0600	4.0000	0.2400	0.4373
			24.5	0.0200	6.5333	0.1307	0.0400	1.6667	0.0667	0.0600	4.0000	0.2400	0.4373

续表 3-9

公路技术等级	地形类别	车道数	路基宽度	停车区			加减速车道			服务设施综合用地面积
				含量	用地指标	用地面积	含量	用地指标	用地面积	
			m	处/km	hm^2/处	hm^2/km	km/km	hm^2/处	hm^2/km	hm^2/km
一级公路	Ⅰ类	六	33.5	0.0250	1.3333	0.0333	0.0250	1.7000	0.0425	0.0758
			32	0.0250	1.3333	0.0333	0.0250	1.7000	0.0425	0.0758
		四	26	0.0250	0.6667	0.0167	0.0250	1.7000	0.0425	0.0592
			24.5	0.0250	0.6667	0.0167	0.0250	1.7000	0.0425	0.0592
			23	0.0250	0.6667	0.0167	0.0250	1.7000	0.0425	0.0592
	Ⅱ类	六	33.5	0.0250	1.3333	0.0333	0.0250	2.0000	0.0500	0.0833
			32	0.0250	1.3333	0.0333	0.0250	2.0000	0.0500	0.0833
		四	26	0.0250	0.6667	0.0167	0.0250	2.0000	0.0500	0.0667
			24.5	0.0250	0.6667	0.0167	0.0250	2.0000	0.0500	0.0667
			23	0.0250	0.6667	0.0167	0.0250	2.0000	0.0500	0.0667
	Ⅲ类	四	26	0.0250	0.6667	0.0167	0.0250	2.0000	0.0500	0.0667
			24.5	0.0250	0.6667	0.0167	0.0250	2.0000	0.0500	0.0667
			23	0.0250	0.6667	0.0167	0.0250	2.0000	0.0500	0.0667
二级公路	Ⅰ类	二	12	0.0125	0.3333	0.0042	0.0125	1.7000	0.0213	0.0254
			10	0.0125	0.3333	0.0042	0.0125	1.7000	0.0213	0.0254
	Ⅱ类	二	12	0.0125	0.3333	0.0042	0.0125	1.7000	0.0213	0.0254
			10	0.0125	0.3333	0.0042	0.0125	1.7000	0.0213	0.0254
	Ⅲ类	二	12	0.0125	0.3333	0.0042	0.0125	1.7000	0.0213	0.0254
			10	0.0125	0.3333	0.0042	0.0125	1.7000	0.0213	0.0254
三级公路	Ⅰ类	二	8.5	0.0100	0.3333	0.0033	0.0100	1.0000	0.0100	0.0133
			7.5	0.0100	0.3333	0.0033	0.0100	1.0000	0.0100	0.0133
	Ⅱ类	二	8.5	0.0100	0.3333	0.0033	0.0100	1.0000	0.0100	0.0133
			7.5	0.0100	0.3333	0.0033	0.0100	1.0000	0.0100	0.0133
	Ⅲ类	二	8.5	0.0100	0.3333	0.0033	0.0100	1.0000	0.0100	0.0133
			7.5	0.0100	0.3333	0.0033	0.0100	1.0000	0.0100	0.0133
四级公路	Ⅰ类	二	6.5	0.0100	0.3333	0.0033	0.0100	1.0000	0.0100	0.0133
	Ⅱ类	二	6.5	0.0100	0.3333	0.0033	0.0100	1.0000	0.0100	0.0133
	Ⅲ类	二	6.5	0.0100	0.3333	0.0033	0.0100	1.0000	0.0100	0.0133
		一	4.5	0.0100	0.3333	0.0033	0.0100	1.0000	0.0100	0.0133

(3)监控通信、养护设施

修订编制采用的高速公路、一级公路监控通信、养护设施设置间距见表3-10;二级公路监控通信(应急管理)设施按200km间距考虑;二级及以下等级公路养护设施间距统一采用40km。

监控通信、养护设施综合用地面积计算结果见表3-11。

表3-10 监控通信、养护设施设置间距

公路技术等级	地形类别	车道数	路基宽度	监控通信设施			养护设施
				分中心	桥隧站	路段站	
			m	km	km	km	km
高速公路	Ⅰ类	八	42	90	130	45	45
			41	90	130	45	45
		六	34.5	95	130	47.5	47.5
			33.5	95	130	47.5	47.5
			32	95	130	47.5	47.5
		四	28	100	130	50	50
			26	100	130	50	50
			24.5	100	130	50	50
	Ⅱ类	八	42	90	130	45	45
			41	90	130	45	45
		六	34.5	95	130	47.5	47.5
			33.5	95	130	47.5	47.5
			32	95	130	47.5	47.5
		四	28	100	130	50	50
			26	100	130	50	50
			24.5	100	130	50	50
	Ⅲ类	六	33.5	95	16	47.5	47.5
			32	95	16	47.5	47.5
		四	26	100	20	50	50
			24.5	100	20	50	50
一级公路	Ⅰ类	六	33.5	142.5	130	—	47.5
			32	142.5	130	—	47.5
		四	26	150	130	—	50
			24.5	150	130	—	50
			23	150	130	—	50
	Ⅱ类	六	33.5	142.5	130	—	47.5
			32	142.5	130	—	47.5
		四	26	150	130	—	50
			24.5	150	130	—	50
			23	150	130	—	50
	Ⅲ类	四	26	150	30	—	50
			24.5	150	30	—	50
			23	150	30	—	50

表 3-11　监控通信、养护设施综合用地面积

公路技术等级	地形类别	车道数	路基宽度	路段监控通信分中心			桥隧监控通信站			路段监控通信站			监控通信设施综合用地面积	养护设施		
				含量	用地指标	用地面积	含量	用地指标	用地面积	含量	用地指标	用地面积		含量	用地指标	用地面积
			m	处/km	hm^2/处	hm^2/km	处/km	hm^2/处	hm^2/km	处/km	hm^2/处	hm^2/km	hm^2/km	处/km	hm^2/处	hm^2/km
高速公路	Ⅰ类	八	42	0.0111	2.2400	0.0249	0.0077	0.5333	0.0041	0.0222	0.8667	0.0193	0.0483	0.0222	2.5333	0.0563
			41	0.0111	2.2400	0.0249	0.0077	0.5333	0.0041	0.0222	0.8667	0.0193	0.0483	0.0222	2.5333	0.0563
		六	34.5	0.0105	2.2400	0.0236	0.0077	0.5333	0.0041	0.0211	0.8667	0.0182	0.0459	0.0211	2.5333	0.0533
			33.5	0.0105	2.2400	0.0236	0.0077	0.5333	0.0041	0.0211	0.8667	0.0182	0.0459	0.0211	2.5333	0.0533
			32	0.0105	2.2400	0.0236	0.0077	0.5333	0.0041	0.0211	0.8667	0.0182	0.0459	0.0211	2.5333	0.0533
		四	28	0.0100	2.2400	0.0224	0.0077	0.5333	0.0041	0.0200	0.8667	0.0173	0.0438	0.0200	2.5333	0.0507
			26	0.0100	2.2400	0.0224	0.0077	0.5333	0.0041	0.0200	0.8667	0.0173	0.0438	0.0200	2.5333	0.0507
			24.5	0.0100	2.2400	0.0224	0.0077	0.5333	0.0041	0.0200	0.8667	0.0173	0.0438	0.0200	2.5333	0.0507
	Ⅱ类	八	42	0.0111	2.2400	0.0249	0.0077	0.5333	0.0041	0.0222	0.8667	0.0193	0.0483	0.0222	2.5333	0.0563
			41	0.0111	2.2400	0.0249	0.0077	0.5333	0.0041	0.0222	0.8667	0.0193	0.0483	0.0222	2.5333	0.0563
		六	34.5	0.0105	2.2400	0.0236	0.0077	0.5333	0.0041	0.0211	0.8667	0.0182	0.0459	0.0211	2.5333	0.0533
			33.5	0.0105	2.2400	0.0236	0.0077	0.5333	0.0041	0.0211	0.8667	0.0182	0.0459	0.0211	2.5333	0.0533
			32	0.0105	2.2400	0.0236	0.0077	0.5333	0.0041	0.0211	0.8667	0.0182	0.0459	0.0211	2.5333	0.0533
		四	28	0.0100	2.2400	0.0224	0.0077	0.5333	0.0041	0.0200	0.8667	0.0173	0.0438	0.0200	2.5333	0.0507
			26	0.0100	2.2400	0.0224	0.0077	0.5333	0.0041	0.0200	0.8667	0.0173	0.0438	0.0200	2.5333	0.0507
			24.5	0.0100	2.2400	0.0224	0.0077	0.5333	0.0041	0.0200	0.8667	0.0173	0.0438	0.0200	2.5333	0.0507
	Ⅲ类	六	33.5	0.0105	2.2400	0.0236	0.0625	0.5333	0.0333	0.0211	0.8667	0.0182	0.0752	0.0211	2.5333	0.0533
			32	0.0105	2.2400	0.0236	0.0625	0.5333	0.0333	0.0211	0.8667	0.0182	0.0752	0.0211	2.5333	0.0533
		四	26	0.0100	2.2400	0.0224	0.0500	0.5333	0.0267	0.0200	0.8667	0.0173	0.0664	0.0200	2.5333	0.0507
			24.5	0.0100	2.2400	0.0224	0.0500	0.5333	0.0267	0.0200	0.8667	0.0173	0.0664	0.0200	2.5333	0.0507

续表 3-11

公路技术等级	地形类别	车道数	路基宽度	路段监控通信分中心			桥隧监控通信站			监控通信设施综合用地面积	养护设施		
				含量	用地指标	用地面积	含量	用地指标	用地面积		含量	用地指标	用地面积
			m	处/km	hm^2/处	hm^2/km	处/km	hm^2/处	hm^2/km	hm^2/km	处/km	hm^2/处	hm^2/km
一级公路	Ⅰ类	六	33.5	0.0070	1.0667	0.0075	0.0077	0.5333	0.0041	0.0116	0.0211	1.8000	0.0379
			32	0.0070	1.0667	0.0075	0.0077	0.5333	0.0041	0.0116	0.0211	1.8000	0.0379
		四	26	0.0067	1.0667	0.0071	0.0077	0.5333	0.0041	0.0112	0.0200	1.8000	0.0360
			24.5	0.0067	1.0667	0.0071	0.0077	0.5333	0.0041	0.0112	0.0200	1.8000	0.0360
			23	0.0067	1.0667	0.0071	0.0077	0.5333	0.0041	0.0112	0.0200	1.8000	0.0360
	Ⅱ类	六	33.5	0.0070	1.0667	0.0075	0.0077	0.5333	0.0041	0.0116	0.0211	1.8000	0.0379
			32	0.0070	1.0667	0.0075	0.0077	0.5333	0.0041	0.0116	0.0211	1.8000	0.0379
		四	26	0.0067	1.0667	0.0071	0.0077	0.5333	0.0041	0.0112	0.0200	1.8000	0.0360
			24.5	0.0067	1.0667	0.0071	0.0077	0.5333	0.0041	0.0112	0.0200	1.8000	0.0360
			23	0.0067	1.0667	0.0071	0.0077	0.5333	0.0041	0.0112	0.0200	1.8000	0.0360
	Ⅲ类	四	26	0.0067	1.0667	0.0071	0.0333	0.5333	0.0178	0.0249	0.0200	1.8000	0.0360
			24.5	0.0067	1.0667	0.0071	0.0333	0.5333	0.0178	0.0249	0.0200	1.8000	0.0360
			23	0.0067	1.0667	0.0071	0.0333	0.5333	0.0178	0.0249	0.0200	1.8000	0.0360
二级公路	Ⅰ类	二	12	0.0050	0.6000	0.0030	—	—	—	0.0030	0.0250	1.2000	0.0300
			10	0.0050	0.6000	0.0030	—	—	—	0.0030	0.0250	1.2000	0.0300
	Ⅱ类	二	12	0.0050	0.6000	0.0030	—	—	—	0.0030	0.0250	1.2000	0.0300
			10	0.0050	0.6000	0.0030	—	—	—	0.0030	0.0250	1.2000	0.0300
	Ⅲ类	二	12	0.0050	0.6000	0.0030	—	—	—	0.0030	0.0250	1.2000	0.0300
			10	0.0050	0.6000	0.0030	—	—	—	0.0030	0.0250	1.2000	0.0300

续表 3-11

公路技术等级	地形类别	车道数	路基宽度	养护设施		
				含量	用地指标	用地面积
			m	处/km	hm^2/处	hm^2/km
三级公路	Ⅰ类	二	8.5	0.0250	0.8000	0.0200
			7.5	0.0250	0.8000	0.0200
	Ⅱ类	二	8.5	0.0250	0.8000	0.0200
			7.5	0.0250	0.8000	0.0200
	Ⅲ类	二	8.5	0.0250	0.8000	0.0200
			7.5	0.0250	0.8000	0.0200
四级公路	Ⅰ类	二	6.5	0.0250	0.6000	0.0150
	Ⅱ类	二	6.5	0.0250	0.6000	0.0150
	Ⅲ类	二	6.5	0.0250	0.6000	0.0150
		一	4.5	0.0250	0.6000	0.0150

(4)沿线设施综合用地面积,计算结果见表 3-12。

表 3-12　沿线设施综合用地面积

公路技术等级	地形类别	车道数	路基宽度	收费设施综合用地面积	服务设施综合用地面积	监控通信设施综合用地面积	养护设施用地面积	沿线设施综合用地面积
			m	hm^2/km	hm^2/km	hm^2/km	hm^2/km	hm^2/km
高速公路	Ⅰ类	八	42	0.1048	0.4947	0.0483	0.0563	0.7040
			41	0.1048	0.4947	0.0483	0.0563	0.7040
		六	34.5	0.0827	0.4413	0.0459	0.0533	0.6233
			33.5	0.0827	0.4413	0.0459	0.0533	0.6233
			32	0.0827	0.4413	0.0459	0.0533	0.6233
		四	28	0.0753	0.4013	0.0438	0.0507	0.5711
			26	0.0753	0.4013	0.0438	0.0507	0.5711
			24.5	0.0741	0.4013	0.0438	0.0507	0.5700

续表 3-12

公路技术等级	地形类别	车道数	路基宽度	收费设施综合用地面积	服务设施综合用地面积	监控通信设施综合用地面积	养护设施用地面积	沿线设施综合用地面积
			m	hm^2/km	hm^2/km	hm^2/km	hm^2/km	hm^2/km
高速公路	Ⅱ类	八	42	0.1016	0.5307	0.0483	0.0563	0.7368
			41	0.1016	0.5307	0.0483	0.0563	0.7368
		六	34.5	0.0789	0.4773	0.0459	0.0533	0.6555
			33.5	0.0789	0.4773	0.0459	0.0533	0.6555
			32	0.0789	0.4773	0.0459	0.0533	0.6555
		四	28	0.0725	0.4373	0.0438	0.0507	0.6043
			26	0.0725	0.4373	0.0438	0.0507	0.6043
			24.5	0.0714	0.4373	0.0438	0.0507	0.6032
	Ⅲ类	六	33.5	0.0835	0.4773	0.0752	0.0533	0.6894
			32	0.0835	0.4773	0.0752	0.0533	0.6894
		四	26	0.0740	0.4373	0.0664	0.0507	0.6284
			24.5	0.0740	0.4373	0.0664	0.0507	0.6284
一级公路	Ⅰ类	六	33.5	0.0846	0.0758	0.0116	0.0379	0.2099
			32	0.0846	0.0758	0.0116	0.0379	0.2099
		四	26	0.0591	0.0592	0.0112	0.0360	0.1655
			24.5	0.0591	0.0592	0.0112	0.0360	0.1655
			23	0.0591	0.0592	0.0112	0.0360	0.1655
	Ⅱ类	六	33.5	0.0800	0.0833	0.0116	0.0379	0.2128
			32	0.0800	0.0833	0.0116	0.0379	0.2128
		四	26	0.0547	0.0667	0.0112	0.0360	0.1686
			24.5	0.0547	0.0667	0.0112	0.0360	0.1686
			23	0.0547	0.0667	0.0112	0.0360	0.1686
	Ⅲ类	四	26	0.0527	0.0667	0.0249	0.0360	0.1802
			24.5	0.0527	0.0667	0.0249	0.0360	0.1802
			23	0.0527	0.0667	0.0249	0.0360	0.1802

续表 3-12

公路技术等级	地形类别	车道数	路基宽度	收费设施综合用地面积	服务设施综合用地面积	监控通信设施综合用地面积	养护设施用地面积	沿线设施综合用地面积
			m	hm^2/km	hm^2/km	hm^2/km	hm^2/km	hm^2/km
二级公路	Ⅰ类	二	12	—	0.0254	0.0030	0.0300	0.0584
			10	—	0.0254	0.0030	0.0300	0.0584
	Ⅱ类	二	12	—	0.0254	0.0030	0.0300	0.0584
			10	—	0.0254	0.0030	0.0300	0.0584
	Ⅲ类	二	12	—	0.0254	0.0030	0.0300	0.0584
			10	—	0.0254	0.0030	0.0300	0.0584
三级公路	Ⅰ类	二	8.5	—	0.0133	—	0.0200	0.0333
			7.5	—	0.0133	—	0.0200	0.0333
	Ⅱ类	二	8.5	—	0.0133	—	0.0200	0.0333
			7.5	—	0.0133	—	0.0200	0.0333
	Ⅲ类	二	8.5	—	0.0133	—	0.0200	0.0333
			7.5	—	0.0133	—	0.0200	0.0333
四级公路	Ⅰ类	二	6.5	—	0.0133	—	0.0150	0.0283
	Ⅱ类	二	6.5	—	0.0133	—	0.0150	0.0283
	Ⅲ类	二	6.5	—	0.0133	—	0.0150	0.0283
		一	4.5	—	0.0133	—	0.0150	0.0283

3. 桥梁及隧道工程

(1)桥梁工程含量

桥梁工程用地面积只计算特大、大中桥,并按桥梁跨径长度计算。根据调研、搜集资料统计分析和专家意见,并适当考虑公路(特别是山岭重丘区高速公路)的建设发展趋势,确定公路工程项目一般情况下桥梁跨径长度与路线长度的比例,作为指标编制计算的桥梁工程含量。由于占地性质相同,编制计算包括跨越河流沟渠的桥梁和主线上跨分离式立体交叉桥,而主线上跨分离式立体交叉桥含量由前面表 3-5 中设置间距和其跨径长度统计值(73m)计算确定。桥梁工程含量见表 3-13。

表 3-13 桥梁工程含量(桥梁跨径长度占路线总长的比例)

公路技术等级	地形类别	车道数	大中桥含量	主线上跨分离式立体交叉桥含量	全部桥梁含量
			km/km	km/km	km/km
高速公路	Ⅰ类	八	8.18%	1.83%	10%
		六	8.18%	1.83%	10%
		四	8.78%	1.22%	10%
	Ⅱ类	八	7.78%	1.22%	9%
		六	7.78%	1.22%	9%
		四	7.96%	1.04%	9%
	Ⅲ类	六	23.54%	1.46%	25%
		四	21.78%	1.22%	23%
一级公路	Ⅰ类	六	4.77%	0.73%	5.50%
		四	4.77%	0.73%	5.50%
	Ⅱ类	六	4.27%	0.73%	5%
		四	4.27%	0.73%	5%
	Ⅲ类	四	9.51%	0.49%	10%
二级公路	Ⅰ类	二	2%	—	2%
	Ⅱ类	二	2%	—	2%
	Ⅲ类	二	5%	—	5%
三级公路	Ⅰ类	二	1%	—	1%
	Ⅱ类	二	1%	—	1%
	Ⅲ类	二	3%	—	3%
四级公路	Ⅰ类	二	1%	—	1%
	Ⅱ类	二	1%	—	1%
	Ⅲ类	二	2%	—	2%
		一	2%	—	2%

在桥梁工程跨径长度中,按表 3-14 中的比例扣除水面宽度,不计用地。

表 3-14 在桥梁跨径长度中扣除水面宽度的比例

地形类别	高速公路	一级公路	二级公路及以下
Ⅰ类	1/3	1/4	1/10
Ⅱ类	1/5	1/8	1/10
Ⅲ类	1/10	1/10	1/10

(2)隧道工程含量

首先确定隧道工程的间距,其倒数即为按路线长度计算的隧道工程座数含量(座/km),取高速、一级公路中长隧道与短隧道之比为55%∶45%,二级及以下等级公路为50%∶50%,计算出中长隧道和短隧道的座数含量(见表3-15),由此可应用隧道工程用地指标计算隧道的用地面积。计算时,高速、一级公路的隧道工程用地指标按独立双洞、Ⅲ级围岩条件取值。

取高速、一级公路中长隧道和短隧道的平均长度分别为1000m、350m,二级及等级以下公路为800m、300m,计算出隧道的长度含量,以便在计算路基用地面积时扣除。

表 3-15 隧道工程含量 表3-15

公路技术等级	地形类别	车道数	路基宽度	间距	总座数	中长隧道座数	短隧道座数	隧道长度
			m	km	座/km	座/km	座/km	km/km
高速公路	Ⅲ类	六	33.5	10	0.1000	0.0550	0.0450	0.0708
			32	10	0.1000	0.0550	0.0450	0.0708
		四	26	13	0.0769	0.0423	0.0346	0.0544
			24.5	13	0.0769	0.0423	0.0346	0.0544
一级公路	Ⅲ类	四	26	15	0.0667	0.0367	0.0300	0.0472
			24.5	15	0.0667	0.0367	0.0300	0.0472
			23	15	0.0667	0.0367	0.0300	0.0472
二级公路	Ⅲ类	二	12	20	0.0500	0.0250	0.0250	0.0275
			10	20	0.0500	0.0250	0.0250	0.0275
三级公路	Ⅲ类	二	8.5	60	0.0167	0.0083	0.0083	0.0092
			7.5	60	0.0167	0.0083	0.0083	0.0092
四级公路	Ⅲ类	二	6.5	150	0.0067	0.0033	0.0033	0.0037
		一	4.5	150	0.0067	0.0033	0.0033	0.0037

(3)桥梁及隧道工程综合用地面积

计算结果见表3-16。

表 3-16 桥梁及隧道工程综合用地面积

公路技术等级	地形类别	车道数	路基宽度	桥梁工程			中长隧道洞口仰坡			短隧道洞身及洞口仰坡			桥隧工程综合用地面积
				含量	用地指标	用地面积	含量	用地指标	用地面积	含量	用地指标	用地面积	
			m	km/km	hm^2/km	hm^2/km	座/km	hm^2/座	hm^2/km	座/km	hm^2/座	hm^2/km	hm^2/km
高速公路	Ⅰ类	八	42	0.1000	0.2800	0.0280	—	—	—	—	—	—	0.0280
			41	0.1000	0.2733	0.0273	—	—	—	—	—	—	0.0273
		六	34.5	0.1000	0.2300	0.0230	—	—	—	—	—	—	0.0230
			33.5	0.1000	0.2233	0.0223	—	—	—	—	—	—	0.0223
			32	0.1000	0.2133	0.0213	—	—	—	—	—	—	0.0213
		四	28	0.1000	0.1867	0.0187	—	—	—	—	—	—	0.0187
			26	0.1000	0.1733	0.0173	—	—	—	—	—	—	0.0173
			24.5	0.1000	0.1633	0.0163	—	—	—	—	—	—	0.0163
	Ⅱ类	八	42	0.0900	0.3024	0.0272	—	—	—	—	—	—	0.0272
			41	0.0900	0.2952	0.0266	—	—	—	—	—	—	0.0266
		六	34.5	0.0900	0.2484	0.0224	—	—	—	—	—	—	0.0224
			33.5	0.0900	0.2412	0.0217	—	—	—	—	—	—	0.0217
			32	0.0900	0.2304	0.0207	—	—	—	—	—	—	0.0207
		四	28	0.0900	0.2016	0.0181	—	—	—	—	—	—	0.0181
			26	0.0900	0.1872	0.0168	—	—	—	—	—	—	0.0168
			24.5	0.0900	0.1764	0.0159	—	—	—	—	—	—	0.0159
	Ⅲ类	六	33.5	0.2500	0.7538	0.1884	0.0550	1.2028	0.0662	0.0450	1.1025	0.0496	0.3042
			32	0.2500	0.7200	0.1800	0.0550	1.2028	0.0662	0.0450	1.1025	0.0496	0.2958
		四	26	0.2300	0.5382	0.1238	0.0423	1.0690	0.0452	0.0346	0.8675	0.0300	0.1990
			24.5	0.2300	0.5072	0.1166	0.0423	1.0690	0.0452	0.0346	0.8675	0.0300	0.1919

续表 3-16

公路技术等级	地形类别	车道数	路基宽度	桥梁工程			中长隧道洞口仰坡			短隧道洞身及洞口仰坡			桥隧工程综合用地面积
				含量	用地指标	用地面积	含量	用地指标	用地面积	含量	用地指标	用地面积	
			m	km/km	hm^2/km	hm^2/km	座/km	hm^2/座	hm^2/km	座/km	hm^2/座	hm^2/km	hm^2/km
一级公路	Ⅰ类	六	33.5	0.0550	0.1382	0.0076	—	—	—	—	—	—	0.0076
			32	0.0550	0.1320	0.0073	—	—	—	—	—	—	0.0073
		四	26	0.0550	0.1073	0.0059	—	—	—	—	—	—	0.0059
			24.5	0.0550	0.1011	0.0056	—	—	—	—	—	—	0.0056
			23	0.0550	0.0949	0.0052	—	—	—	—	—	—	0.0052
	Ⅱ类	六	33.5	0.0500	0.1466	0.0073	—	—	—	—	—	—	0.0073
			32	0.0500	0.1400	0.0070	—	—	—	—	—	—	0.0070
		四	26	0.0500	0.1138	0.0057	—	—	—	—	—	—	0.0057
			24.5	0.0500	0.1072	0.0054	—	—	—	—	—	—	0.0054
			23	0.0500	0.1006	0.0050	—	—	—	—	—	—	0.0050
	Ⅲ类	四	26	0.1000	0.2340	0.0234	0.0667	1.0690	0.0713	0.0472	0.8675	0.0409	0.1356
			24.5	0.1000	0.2205	0.0221	0.0667	1.0690	0.0713	0.0472	0.8675	0.0409	0.1342
			23	0.1000	0.2070	0.0207	0.0667	1.0690	0.0713	0.0472	0.8675	0.0409	0.1329

续表 3-16

公路技术等级	地形类别	车道数	路基宽度	桥梁工程			中长隧道洞口仰坡			短隧道洞身及洞口仰坡			桥隧工程综合用地面积
				含量	用地指标	用地面积	含量	用地指标	用地面积	含量	用地指标	用地面积	
			m	km/km	hm^2/km	hm^2/km	座/km	hm^2/座	hm^2/km	座/km	hm^2/座	hm^2/km	hm^2/km
二级公路	Ⅰ类	二	12	0.0200	0.0216	0.0004	—	—	—	—	—	—	0.0004
			10	0.0200	0.0180	0.0004	—	—	—	—	—	—	0.0004
	Ⅱ类	二	12	0.0200	0.0216	0.0004	—	—	—	—	—	—	0.0004
			10	0.0200	0.0180	0.0004	—	—	—	—	—	—	0.0004
	Ⅲ类	二	12	0.0500	0.0540	0.0027	0.0500	0.6253	0.0313	0.0275	0.3475	0.0096	0.0435
			10	0.0500	0.0450	0.0023	0.0500	0.6253	0.0313	0.0275	0.3475	0.0096	0.0431
三级公路	Ⅰ类	二	8.5	0.0100	0.0077	0.0001	—	—	—	—	—	—	0.0001
			7.5	0.0100	0.0068	0.0001	—	—	—	—	—	—	0.0001
	Ⅱ类	二	8.5	0.0100	0.0077	0.0001	—	—	—	—	—	—	0.0001
			7.5	0.0100	0.0068	0.0001	—	—	—	—	—	—	0.0001
	Ⅲ类	二	8.5	0.0300	0.0230	0.0007	0.0167	0.6253	0.0104	0.0092	0.3475	0.0032	0.0143
			7.5	0.0300	0.0203	0.0006	0.0167	0.6253	0.0104	0.0092	0.3475	0.0032	0.0142
四级公路	Ⅰ类	二	6.5	0.0100	0.0059	0.0001	—	—	—	—	—	—	0.0001
	Ⅱ类	二	6.5	0.0100	0.0059	0.0001	—	—	—	—	—	—	0.0001
	Ⅲ类	二	6.5	0.0200	0.0117	0.0002	0.0067	0.6253	0.0042	0.0037	0.3475	0.0013	0.0057
		一	4.5	0.0200	0.0081	0.0002	0.0067	0.6253	0.0042	0.0037	0.3475	0.0013	0.0056

4. 路基工程

路基工程含量为扣除桥梁跨径长度(含主线上跨分离式立体交叉桥)、隧道长度、互通式立体交叉主线长度之后的值。其中,山岭重丘区根据隧道工程含量计算分离式路基含量,每座隧道洞口前分离式路基长度按六车道高速公路800m、四车道高速及一级公路600m计;并按2/3为完全分离式、1/3为边坡联体分离式路基计算;并计算完全分离式路基中间空地的用地面积,整体式路基含量为扣除分离式路基后的数量。

路基工程综合用地面积计算结果见表3-17。

5. 总体指标

根据上述计算的交叉工程、沿线设施、桥梁及隧道工程和路基工程综合用地面积,累加即得到单位公路公里(扣除隧道长度)的用地面积,即为公路工程项目建设用地总体指标,计算结果见表3-18。

3.0.6 本条规定公路工程项目建设用地总体指标对于路基宽度变化的调整指标,根据路基宽度的增加或减少相应增加或减少总体指标值。本调整指标只计算了路基用地变化量及因路基宽度变化所影响到的桥梁工程用地变化量,未计交叉工程、隧道工程和沿线设施用地所受到的影响。

本调整指标不宜用于路基宽度变化过大的调整,当路基宽度变化超过一个车道及以上时,宜根据实际设计方案计算。

3.0.7 互通式立体交叉间距对公路工程用地有较大影响,修订的总体指标基本值计算采用的互通式立体交叉间距主要依据公路建设现状的平均水平取定,与实际项目的具体情况差别可能较大,且随着社会经济不断发展,公路建设项目的互通式立体交叉间距会发生变化,因此修订指标增加了互通式立体交叉间距调整系数。

从公路建设项目中最有可能出现的情况考虑,选取互通式立体交叉间距为5、10、15、20、25km作为计算点编制计算调整系数。计算时,考虑了在互通式立体交叉间距变化的同时,不同形式互通式立体交叉的权重也发生变化,见表3-19。

表 3-17 路基工程综合用地面积

公路技术等级	地形类别	车道数	路基宽度	整体式路基			分离式路基				路基工程综合用地面积
				含量	用地指标	用地面积	含量	用地指标	用地面积	完全分离式路基中间空地面积	
			m	km/km	hm^2/km	hm^2/km	km/km	hm^2/km	hm^2/km	hm^2/km	hm^2/km
高速公路	Ⅰ类	八	42	0.7803	6.5700	5.1268	—	—	—	—	5.1268
			41	0.7803	6.4630	5.0433	—	—	—	—	5.0433
		六	34.5	0.7866	5.7675	4.5369	—	—	—	—	4.5369
			33.5	0.7866	5.6605	4.4528	—	—	—	—	4.4528
			32	0.7866	5.4999	4.3264	—	—	—	—	4.3264
		四	28	0.7923	5.0719	4.0185	—	—	—	—	4.0185
			26	0.7923	4.8579	3.8490	—	—	—	—	3.8490
			24.5	0.7923	4.6974	3.7218	—	—	—	—	3.7218
	Ⅱ类	八	42	0.7989	7.3368	5.8613	—	—	—	—	5.8613
			41	0.7989	7.2276	5.7740	—	—	—	—	5.7740
		六	34.5	0.8069	6.5055	5.2493	—	—	—	—	5.2493
			33.5	0.8069	6.3954	5.1605	—	—	—	—	5.1605
			32	0.8069	6.2302	5.0272	—	—	—	—	5.0272
		四	28	0.8100	5.6086	4.5430	—	—	—	—	4.5430
			26	0.8100	5.3872	4.3636	—	—	—	—	4.3636
			24.5	0.8100	5.2211	4.2291	—	—	—	—	4.2291
	Ⅲ类	六	33.5	0.4253	8.4523	3.5950	0.1600	9.7447	1.5592	0.6400	5.7941
			32	0.4253	8.3023	3.5312	0.1600	9.7447	1.5592	0.6400	5.7303
		四	26	0.5387	7.1216	3.8367	0.0923	9.7447	0.8995	0.3692	5.1054
			24.5	0.5387	6.8222	3.6754	0.0923	9.7447	0.8995	0.3692	4.9441

续表 3-17

公路技术等级	地形类别	车道数	路基宽度	整体式路基			分离式路基				路基工程综合用地面积
				含量	用地指标	用地面积	含量	用地指标	用地面积	完全分离式路基中间空地面积	
			m	km/km	hm^2/km	hm^2/km	km/km	hm^2/km	hm^2/km	hm^2/km	hm^2/km
一级公路	Ⅰ类	六	33.5	0.8805	5.2110	4.5881	—	—	—	—	4.5881
			32	0.8805	5.0505	4.4468	—	—	—	—	4.4468
		四	26	0.8837	4.4085	3.8958	—	—	—	—	3.8958
			24.5	0.8837	4.2480	3.7540	—	—	—	—	3.7540
			23	0.8837	4.0874	3.6120	—	—	—	—	3.6120
	Ⅱ类	六	33.5	0.8939	5.8470	5.2266	—	—	—	—	5.2266
			32	0.8939	5.6803	5.0776	—	—	—	—	5.0776
		四	26	0.8967	5.0137	4.4958	—	—	—	—	4.4958
			24.5	0.8967	4.8470	4.3463	—	—	—	—	4.3463
			23	0.8967	4.6804	4.1969	—	—	—	—	4.1969
	Ⅲ类	四	26	0.7244	6.1406	4.4480	0.0800	8.1343	0.6507	0.3200	5.4187
			24.5	0.7244	5.9906	4.3393	0.0800	8.1343	0.6507	0.3200	5.3101
			23	0.7244	5.8406	4.2307	0.0800	8.1343	0.6507	0.3200	5.2014

续表 3-17

公路技术等级	地形类别	车道数	路基宽度	整体式路基			路基工程综合用地面积
				含量	用地指标	用地面积	
			m	km/km	hm^2/km	hm^2/km	hm^2/km
二级公路	Ⅰ类	二	12	0.9800	2.5856	2.5339	2.5339
			10	0.9800	2.3716	2.3242	2.3242
	Ⅱ类	二	12	0.9800	2.7699	2.7145	2.7145
			10	0.9800	2.5500	2.4990	2.4990
	Ⅲ类	二	12	0.9225	3.6488	3.3660	3.3660
			10	0.9225	3.4488	3.1815	3.1815
三级公路	Ⅰ类	二	8.5	0.9900	1.9469	1.9274	1.9274
			7.5	0.9900	1.8399	1.8215	1.8215
	Ⅱ类	二	8.5	0.9900	2.1970	2.1750	2.1750
			7.5	0.9900	2.0867	2.0658	2.0658
	Ⅲ类	二	8.5	0.9608	2.6326	2.5295	2.5295
			7.5	0.9608	2.5326	2.4334	2.4334
四级公路	Ⅰ类	二	6.5	0.9900	1.6687	1.6520	1.6520
	Ⅱ类	二	6.5	0.9900	1.8962	1.8772	1.8772
	Ⅲ类	二	6.5	0.9763	2.2699	2.2162	2.2162
		一	4.5	0.9763	1.9069	1.8618	1.8618

表 3-18　公路工程项目建设用地总体指标组成表

公路技术等级	地形类别	车道数	路基宽度	交叉工程综合用地面积	沿线设施综合用地面积	桥隧工程综合用地面积	路基工程综合用地面积	总体指标
			m	hm^2/km	hm^2/km	hm^2/km	hm^2/km	hm^2/km
高速公路	Ⅰ类	八	42	2.7566	0.7040	0.0280	5.1268	8.6154
			41	2.7566	0.7040	0.0273	5.0433	8.5313
		六	34.5	2.6485	0.6233	0.0230	4.5369	7.8317
			33.5	2.6485	0.6233	0.0223	4.4528	7.7469
			32	2.6485	0.6233	0.0213	4.3264	7.6196
		四	28	2.5293	0.5711	0.0187	4.0185	7.1376
			26	2.5293	0.5711	0.0173	3.8490	6.9667
			24.5	2.4755	0.5700	0.0163	3.7218	6.7836

续表 3-18

公路技术等级	地形类别	车道数	路基宽度	交叉工程综合用地面积	沿线设施综合用地面积	桥隧工程综合用地面积	路基工程综合用地面积	总体指标
			m	hm²/km	hm²/km	hm²/km	hm²/km	hm²/km
高速公路	Ⅱ类	八	42	2.6772	0.7368	0.0272	5.8613	9.3025
			41	2.6772	0.7368	0.0266	5.7740	9.2147
		六	34.5	2.5396	0.6555	0.0224	5.2493	8.4668
			33.5	2.5396	0.6555	0.0217	5.1605	8.3773
			32	2.5396	0.6555	0.0207	5.0272	8.2430
		四	28	2.4293	0.6043	0.0181	4.5430	7.5947
			26	2.4293	0.6043	0.0168	4.3636	7.4141
			24.5	2.3794	0.6032	0.0159	4.2291	7.2275
	Ⅲ类	六	33.5	2.1117	0.6894	0.3042	5.7941	8.8994
			32	2.1117	0.6894	0.2958	5.7303	8.8272
		四	26	1.8899	0.6284	0.1990	5.1054	7.8227
			24.5	1.8899	0.6284	0.1919	4.9441	7.6543
一级公路	Ⅰ类	六	33.5	1.5879	0.2099	0.0076	4.5881	6.3935
			32	1.5879	0.2099	0.0073	4.4468	6.2518
		四	26	1.5373	0.1655	0.0059	3.8958	5.6044
			24.5	1.5373	0.1655	0.0056	3.7540	5.4623
			23	1.5373	0.1655	0.0052	3.6120	5.3200
	Ⅱ类	六	33.5	1.5233	0.2128	0.0073	5.2266	6.9700
			32	1.5233	0.2128	0.0070	5.0776	6.8207
		四	26	1.4793	0.1686	0.0057	4.4958	6.1494
			24.5	1.4793	0.1686	0.0054	4.3463	5.9996
			23	1.4793	0.1686	0.0050	4.1969	5.8499
	Ⅲ类	四	26	1.0860	0.1802	0.1356	5.4187	6.8205
			24.5	1.0860	0.1802	0.1342	5.3101	6.7105
			23	1.0860	0.1802	0.1329	5.2014	6.6005

续表 3-18

公路技术等级	地形类别	车道数	路基宽度	交叉工程综合用地面积	沿线设施综合用地面积	桥隧工程综合用地面积	路基工程综合用地面积	总体指标
			m	hm^2/km	hm^2/km	hm^2/km	hm^2/km	hm^2/km
二级公路	Ⅰ类	二	12	0.2086	0.0584	0.0004	2.5339	2.8014
			10	0.2086	0.0584	0.0004	2.3242	2.5916
	Ⅱ类	二	12	0.2130	0.0584	0.0004	2.7145	2.9864
			10	0.2130	0.0584	0.0004	2.4990	2.7708
	Ⅲ类	二	12	0.1504	0.0584	0.0435	3.3660	3.6183
			10	0.1504	0.0584	0.0431	3.1815	3.4334
三级公路	Ⅰ类	二	8.5	0.2000	0.0333	0.0001	1.9274	2.1608
			7.5	0.2000	0.0333	0.0001	1.8215	2.0549
	Ⅱ类	二	8.5	0.2000	0.0333	0.0001	2.1750	2.4084
			7.5	0.2000	0.0333	0.0001	2.0658	2.2992
	Ⅲ类	二	8.5	0.0317	0.0333	0.0143	2.5295	2.6088
			7.5	0.0317	0.0333	0.0142	2.4334	2.5126
四级公路	Ⅰ类	二	6.5	0.0475	0.0283	0.0001	1.6520	1.7279
	Ⅱ类	二	6.5	0.0475	0.0283	0.0001	1.8772	1.9531
	Ⅲ类	二	6.5	0.0317	0.0283	0.0057	2.2162	2.2819
		一	4.5	0.0317	0.0283	0.0056	1.8618	1.9274

表 3-19　互通式立体交叉间距变化对其权重的影响

立交间距	枢纽各形式	单喇叭形	双喇叭形	半苜蓿叶形	菱形
km	%	%	%	%	%
Ⅰ、Ⅱ类地形区					
5	30	45	15	10	0
10	25	55	15	5	0
15	18	68	10	2	2
20	18	64	12	3	3
25	16	64	14	3	3

续表 3-19

立交间距	枢纽各形式	单喇叭形	双喇叭形	半苜蓿叶形	菱形
km	%	%	%	%	%
Ⅲ类地形区					
5	30	50	15	5	0
10	25	55	15	5	0
15	8	75	13	2	2
20	8	74	13	2	3
25	9	72	14	2	3

实际项目的互通式立体交叉间距与计算点值不同时可采用内插计算。当实际项目的互通式立体交叉间距大于计算点的最大值时,互通式立体交叉用地面积对总体指标的影响越来越小,因此,建议调整系数最小不宜低于0.9;当实际项目的互通式立体交叉间距小于计算点的最小值时,互通式立体交叉用地面积对总体指标的影响越来越大,应按实际增加的用地计算。

3.0.8 公路工程项目位于大型或特大型城市的过境公路、绕城公路、城市出入口公路路段,当其为高速或一级公路时,互通式立体交叉、分离式立体交叉、天桥、通道和沿线设施等都会增加,其用地面积除按前条互通式立体交叉间距变化增加以外,其他分项工程都需要增加用地面积,其中以主线下穿分离式立体交叉和天桥对用地面积的影响最大。根据调研情况,对多种分项工程设置情况的用地面积进行对比分析,结合各方面意见确定调整系数。

3.0.9 根据《公路工程技术标准》(JTG B01—2003),一级公路和二级公路分为具集散功能和具干线功能两种情况。由于总体指标编制计算是按一般情况的一级公路和二级公路考虑各有关参数的,其沿线设施含量较少,相当于具集散功能的情况。而具干线功能的一级公路和二级公路的沿线设施含量一般相对较多,通过对比分析不同情况下的用地面积,结合各方面意见确定调整系数。

3.0.10 荒滩、戈壁、沙漠等地区的公路，一般边坡坡率较缓，排水设施宽大，当为高速公路时分离式路基较多，这些情况与其他地形条件下的公路有较大差别，因此指标修订时根据其工程特点分析各分项工程含量，同时按一定权重计入了分离式路基间的用地，计算得到调整系数。

3.0.11 因华北、东北和西北风沙地区的范围、沙源、风向、风速、沙丘移动规律及植被覆盖等情况各不同，故分别计列其调整用地面积。其数值根据相关规范的规定计算，使用时应按公路所在地区的具体情况，选用相应的指标或根据实际设计计算确定。本条给出的调整指标计算说明如下：

对固定或半固定沙丘地区，路基两侧防护宽度为：上风侧平整带25m，防护带200m；下风侧平整带25m，对半固定沙丘设防护带50m，共计250～300m。每公里路线另增用地下限：$(25+200+25)\times 1000\div 10000=25\text{hm}^2$；每公里路线另增用地上限：$(25+200+25+50)\times 1000\div 10000=30\text{hm}^2$。

西北严重风沙地段路基两侧防护宽度为：上风侧植被保护带600m，防护带200m，平整带30m；下风侧植被保护带300m，防护带150m，平整带30m，共计1310m。每公里路线另增用地：$1310\times 1000\div 10000=131\text{hm}^2$。

一般风沙地段路基两侧防护宽度为：上风侧植被保护带450m，防护带200m，平整带25m；下风侧植被保护带200m，防护带100m，平整带25m，共计1000m。每公里路线另增用地：$1000\times 1000\div 10000=100\text{hm}^2$。

华北、东北的高大流动沙丘路基两侧防护宽度为：上风侧植被保护带300m，固沙带50m，防护带200m，平整带30m；下风侧植被保护带100m，防护带50m，平整带30m，共计760m。每公里路线另增用地：$760\times 1000\div 10000=76\text{hm}^2$。

低缓流动沙丘路基两侧防护宽度为：上风侧植被保护带100m，固沙带50m，防护带200m，平整带25m；下风侧植被保护带

100m，防护带 50m，平整带 25m，共计 550m。每公里路线另增用地：$550 \times 1000 \div 10000 = 55hm^2$。

当主风向变化不定时，路基两侧防护宽度均应按主风向一侧的防护宽度计算。

3.0.12 雪害地区的主要防护措施是设立防雪林带或防雪栅、防雪堤（墙）等。根据相关规范，防雪林带宽度不宜小于 20m。防雪林带至路基的净距不应小于 25m，如设置防雪栅，从路基边缘到防雪栅的距离一般为 30 ~ 50m。当地形开阔，积雪量过大时，可设置两排防雪栅，间距宜为 50 ~ 80m。防雪堤离路基边缘的距离一般采用 20 ~ 30m。防雪林带、防雪栅、防雪堤（墙）一般设置在垂直于主导风向的路基迎风侧；当冬季主导风向变化不定时，路基两侧均应设置，故雪害地区的调整指标按一侧防护和两侧防护分别计算。本条给出的调整指标计算说明如下：

防护宽度以 30m 计时，每侧防护路线另增用地：$(30 - 5.8) \times 1000 \div 10000 = 2.42hm^2/km$；防护宽度以 50m 计时，每侧防护路线另增用地：$(50 - 5.8) \times 1000 \div 10000 = 4.42hm^2/km$；当需设置两排防雪栅时，每侧防护路线另增用地：$(30 - 5.8 + 80) \times 1000 \div 10000 = 10.42hm^2/km$。

对雪害严重需设置多重防雪林带及雪崩整治工程用地，可按设计数量增加用地，并在设计说明书中占用土地部分予以叙述。

3.0.13 总体指标是按照一般情况计算的用地面积，而软土、沼泽、地震、滑坡、崩塌、岩堆、泥石流、多年冻土、膨胀土、盐渍土、涎流冰地区或公路工程项目需建设防灾设施时，往往会因增加一些特殊的防护、抗震等工程措施，引起用地面积增加，应根据建设项目的具体位置、防护宽度、防护或处治措施等情况，按第九章的有关规定另增用地面积。

3.0.14 公路工程项目的辅道、支线、连接线，不属于项目的主体工程和沿线设施工程，不同的公路工程项目变化也很大，需建设时，经主管部门批准后，按其公路技术等级采用本章相应的指标另行计算，并在文件中说明。

3.0.15 公路工程项目的改路、改河、改沟、改渠、改移输电、通信线路和专业管道等改移工程用地，以及设置取、弃土场用地，不同项目变化较大，且公路建设完工后一般都不由项目自身使用或管理，因此，总体指标中未包含这些用地面积，当公路建设项目涉及这些用地时，应按第九章的有关规定执行。

第四章　路基工程用地指标

4.0.1　本条说明路基工程用地指标所包含的内容,并对路基宽度的组成部分进行了说明。

桥梁两端桥台的用地性质更接近于路基,本次修订将桥梁两端桥台的用地面积调整为按路基工程用地指标计算,而中桥占地纳入桥梁工程中计算,使指标更趋合理。

公路工程项目涉及的用地界外的改路、改河、改沟、改渠、改移输电、通信线路及专业管道等线外改移工程以及取、弃土场等占地,由于性质和数量难以确定,因此不计入作为永久占地的路基工程用地。需要时可根据工程建设的实际情况,按第九章的有关规定另行增加。

4.0.2　公路工程项目的主线路基、连接线(包括互通式立体交叉连接线)路基、桥梁引道(一般为独立桥梁的引道)及隧道洞口外路基(包括整体式路基、分离式路基和独立隧道连接线路基),性质均属于路基工程,其用地面积均按本章指标的规定计算。

4.0.3　本条说明路基工程用地指标编制计算的单位及其含义,以及公路工程项目的路基工程总用地面积的计算方法。

4.0.4　本条说明路基工程用地指标编制计算所采用的路基工程用地宽度,考虑了节约用地的要求。

4.0.5　本条规定整体式路基工程的用地指标。修订情况说明如下:

本次修订,对于平原、微丘区公路仍然沿用原指标采用的模型分析和统计数据相结合的方法;对于山岭重丘区公路,本次修订采取了以模型分析研究为主,通过样本分析和专家经验确定模型参数的方法,由此计算出用地指标,再与搜集资料样本的路基工程占地数量进行对比分析,最后综合确定用地指标值。

1. 指标修订工作步骤

(1)分析建立模型

对各种路基断面形式进行研究，分析影响路基占地的主要因素，在此基础上建立计算模型。本次修订的计算模型除考虑路基宽度、路基高度、路基边坡等常规因素外，还充分考虑了护坡道、碎落台、排水设施等原指标未明确的参数。

（2）确定模型参数

通过对现行标准规范、设计指南以及资料样本各主要设计参数进行分析，结合专家经验确定不同地形类别、不同公路技术等级的模型参数，其取值既要满足公路功能的需要，同时还要充分体现节约用地的要求。

（3）确定用地指标

结合模型分析计算、搜集资料样本统计分析，经综合分析、比较、调整和验证后，确定用地指标。

2. 路基工程用地主要影响因素

一般路基的断面形式如图 4-1 所示。

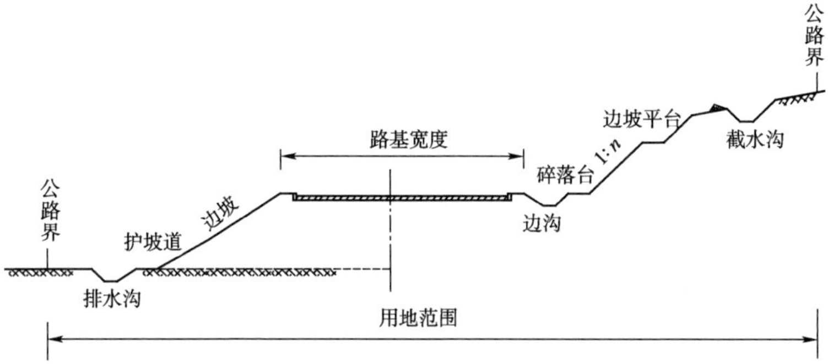

图 4-1　一般路基断面形式示意图

由图 4-1 可以看出，路基用地的主要影响因素是路基宽度、路基高度（边坡高度）、边坡坡率、边沟（排水沟、截水沟）宽度、护坡道（碎落台、边坡平台）宽度、用地界宽度等。

（1）路基宽度

原指标中路基标准宽度是按《公路工程技术标准》（JTJ 001—97）及基于当时的公路建设情况选择确定的。本次修订根据新颁布的《公路工程技术标准》（JTG B01—2003）和《公路路线设计规范》(JTG D20—2006),选取规定的全部路基宽度一般值进行计算。

根据规范规定,路基工程用地指标编制计算所采用的路基宽度各组成部分见表4-1、表4-2。

表4-1 高速、一级公路整体式路基宽度组成表

地形类别	公路技术等级	车道数	路基宽度	路基宽度组成部分			
				每车道宽度	中间带宽度	右侧硬路肩宽度	土路肩宽度
			m	m	m	m	m
Ⅰ、Ⅱ类	高速公路	八	42	3.75	4.5	3.0	0.75
			41	3.75	3.5	3.0	0.75
		六	34.5	3.75	4.5	3.0	0.75
			33.5	3.75	3.5	3.0	0.75
			32	3.75	3.0	2.5	0.75
		四	28	3.75	4.5	3.5	0.75
			26	3.75	3.5	3.0	0.75
			24.5	3.75	3.0	2.5	0.75
	一级公路	六	33.5	3.75	3.5	3.0	0.75
			32	3.75	3.0	2.5	0.75
		四	26	3.75	3.5	3.0	0.75
			24.5	3.75	3.0	2.5	0.75
			23	3.5	3.0	2.5	0.5
Ⅲ类	高速公路	六	33.5	3.75	3.5	3.0	0.75
			32	3.75	3.0	2.5	0.75
		四	26	3.75	3.5	3.0	0.75
			24.5	3.75	3.0	2.5	0.75
	一级公路	四	26	3.75	3.5	3.0	0.75
			24.5	3.75	3.0	2.5	0.75
			23	3.5	3.0	2.5	0.5

表 4-2　二、三、四级公路整体式路基宽度组成表

地形类别	公路技术等级	车道数	路基宽度	路基宽度组成部分		
				每车道宽度	右侧硬路肩宽度	土路肩宽度
			m	m	m	m
Ⅰ、Ⅱ类	二级公路	二	12	3.75	1.5	0.75
			10	3.5	0.75	0.75
	三级公路	二	8.5	3.5	—	0.75
			7.5	3.25	—	0.5
	四级公路	二	6.5	3	—	0.25
Ⅲ类	二级公路	二	12	3.75	1.5	0.75
			10	3.5	0.75	0.75
	三级公路	二	8.5	3.5	—	0.75
			7.5	3.25	—	0.5
	四级公路	二	6.5	3	—	0.25
		一	4.5	3.5	—	0.5

(2)路基高度(边坡高度)

对于平原、微丘区公路,路基平均(填挖)高度是一项重要的控制指标,对路基填挖方数量和占地具有总体、直观的控制意义。本次修订,在编制平原、微丘区公路路基工程用地指标时,仍沿用原指标"路基平均计算填挖高度"概念,以保持延续性,便于对比分析,且简化计算工作。

"路基平均计算(填挖)高度"的含义是:边坡高度较小一侧的路基边缘设计高程与坡脚(坡顶)地面高程的差(如图 4-2),按计算路段长度加权计算的平均值。平原地区公路一般为填方,该值

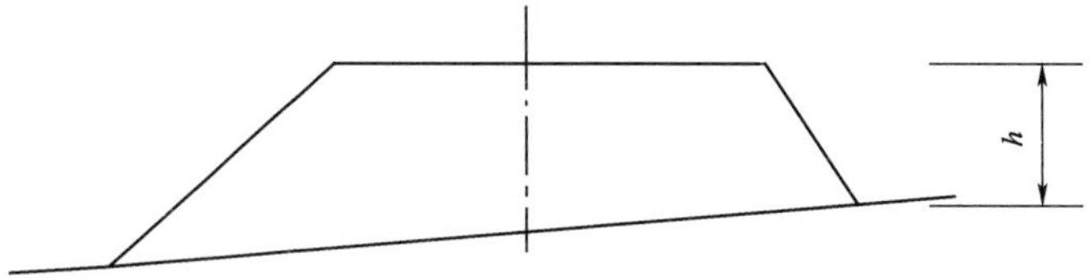

图 4-2　平原、微丘区公路路基平均计算(填挖)高度示意图

为“路基平均计算高度”；丘陵地区公路填挖方都存在，填挖方采用相同的定义（图式略有不同），该值为“路基平均计算填挖高度”。编制计算用地指标时，“路基平均计算（填挖）高度”根据调研、专家经验及样本数据分析等综合确定。

在编制山岭重丘区公路路基用地指标时，由于路基平均计算填挖高度不起控制作用，因此采用边坡高度参数，并考虑不同边坡高度所占权重情况进行计算，取值根据相关规范规定的一般情况以及专家经验确定。

实际项目的路基高度（边坡高度）均要根据地形、地质条件以及立交、通道等交叉设施净高等因素具体确定。

（3）边坡坡率

边坡坡率应在满足路基稳定条件下，根据路基填挖高度、工程地质、填料性质等情况确定。本次修订计算采用的边坡坡率，主要根据相关规范规定的一般情况下的边坡坡率，并适当参考搜集资料样本项目的边坡坡率情况以及专家经验综合确定。

（4）边沟（排水沟、截水沟）

边沟、排水沟、截水沟等排水设施的断面形式和尺寸应根据沿线地形地貌、路基高度及汇水面积、排水设施的泄流能力、对行车安全及环境景观的影响等因素确定。本次修订，排水设施尺寸根据相关规范的一般规定，参考搜集资料样本的设计数据、调研考察的实际公路的排水设施尺寸以及专家经验综合确定，边沟（排水沟、截水沟）的沟口宽度用于用地指标计算。

（5）护坡道（碎落台、边坡平台）

填方边坡护坡道、挖方边坡碎落台及分级边坡中间的边坡平台的设置应根据边坡高度和地形、地质情况确定。本次修订根据设定的路基高度或边坡高度条件，分别采用不同的护坡道（碎落台、边坡平台）宽度值，情况如下：

对于填方路基，当填方边坡高度不大于2m时不设护坡道，高度为2～4m时设1m宽护坡道，4～8m时设2m宽护坡道；对于挖方路基，当挖方边坡高度不大于3m时不设碎落台，大于3m时设

2m 宽碎落台；山岭重丘区设分级边坡时，考虑中间设 2m 宽边坡平台。

(6)用地界宽

本章指标中的用地界宽指的是路堤两侧排水沟外边缘(无排水沟时为路堤或护坡道坡脚)以外，或路堑坡顶截水沟外边缘(无截水沟为坡顶)以外至用地界的宽度。从节约用地角度出发，本次修订各级公路均采用 1m 用地界宽。

3. 各级公路路基工程用地指标编制计算

原指标的平原、微丘区高速公路、一级公路路基工程采用相同的用地指标。考虑到现在高速公路、一级公路建设与以前有较大的不同，本次修订将平原、微丘区高速公路、一级公路路基工程用地指标分开进行编制。

(1)平原区

平原区公路路基以填方为主，且绝大部分为一级边坡，在高桥台附近存在的少部分多级边坡可忽略不计。

平原区公路路基工程用地的计算模型，按设一级边坡考虑，一侧边坡按平均计算高度控制，另一侧边坡考虑地面倾斜度影响计算相应的边坡高度。按模型计算每延米路基用地面积的公式如下：

路基用地 = 路基宽度 + 两侧边坡宽度 + 两侧护坡道宽度 + 两侧排水沟顶宽 + 两侧用地界宽

其中

边坡宽度 = 边坡坡率 × 坡脚填土高度

计算指标采用的主要参数列在条文表 4.0.5-1 和表 4.0.5-4 中，相关说明如下：

路基平均计算高度：从调研和搜集资料的统计分析情况看，由于通道设置要求的不断提高和交叉工程含量的增加，现在实际的高速公路路基高度比原指标采用的值高，但为节约用地，本次修订仍采用原指标的路基平均计算填挖高度数值。此外，原指标中高速公路和一级公路采用了相同的路基高度，从现在情况看，两者建设情况有较大不同，本次修订降低了一级公路的路基高度；二、三、四级公路，考虑到平原地区地基问题及路面因素，路基高度略有提高。

边坡坡率：按土质路基考虑，根据规范边坡坡率取为1∶1.5。

地面斜坡度：按2.5°取值。

（2）微丘区

微丘区公路路基用地的计算模型，需考虑如下特点：

①路基填挖方路段兼有，模型中需按权重考虑填挖方路段比例；

②存在部分较大填挖路段，模型中应考虑一定权重的两级边坡；

③部分深挖方路段还需设置截水沟，模型中也应考虑。

微丘区公路路基用地的计算模型，应用“路基平均计算填挖高度”概念，结合上述特点，以平原区模型为基础，单级边坡路段与平原区模型相同，两级边坡路段进行相应的调整。按模型计算每延米路基用地面积的公式如下：

$$
\begin{aligned}
\text{路基用地} &= T \times \text{填方路基用地} + W \times \text{挖方路基用地} \\
&= T \times (\text{单级边坡填方路基用地} \times T_1 + \\
&\quad \text{两级边坡填方路基用地} \times T_2) + W \times \\
&\quad (\text{单级边坡挖方路基用地} \times W_1 + \\
&\quad \text{两级边坡挖方路基用地} \times W_2)
\end{aligned}
$$

其中，各分项的计算公式如下：

单级边坡填方路基用地＝路基宽度＋两侧单级边坡宽度＋两侧护坡道宽度＋两侧排水沟顶宽＋两侧用地界宽

单级边坡挖方路基用地＝路基宽度＋两侧边沟顶宽＋两侧碎落台宽度＋两侧单级边坡宽度＋两侧用地界宽

两级边坡填方路基用地＝路基宽度＋两侧两级边坡宽度＋两侧护坡道宽度＋两侧排水沟顶宽＋两侧用地界宽

两级边坡挖方路基用地 = 路基宽度 + 两侧边沟顶宽 + 两侧碎落台宽度 + 两侧两级边坡宽度 + 截水沟用地 + 两侧用地界宽

单级边坡宽度 = 单级边坡坡率 × 坡脚填土高度

两级边坡宽度 = 第一级边坡坡率 × 第一级边坡高度 + 边坡平台宽度 + 第二级边坡坡率 × 第二级边坡高度

截水沟用地 =（截水沟顶宽 + 截水沟至边坡坡顶距离）× W_J

式中：T——填方路段权重；

T_1——在填方路段中设单级边坡路段的权重；

T_2——在填方路段中设两级边坡路段的权重；

W——挖方路段权重；

W_1——在挖方路段中设单级边坡路段的权重；

W_2——在挖方路段中设两级边坡路段的权重；

W_J——在两级边坡挖方路段中设截水沟路段的权重。

编制计算用地指标所采用的主要参数列在条文表 4.0.5-2 和表 4.0.5-5 中，其他相关参数见表 4-3、表 4-4。

表 4-3　微丘区高速、一级公路整体式路基工程用地指标计算相关参数

参数项		单位	高速公路			一级公路	
			八车道	六车道	四车道	六车道	四车道
T		%	55	55	55	55	55
T_1		%	80	80	85	88	88
T_2		%	20	20	15	12	12
W		%	45	45	45	45	45
W_1		%	80	80	85	88	88
W_2		%	20	20	15	12	12
两级填方边坡高度/坡率	第一级	m/1∶n	8/1∶1.5	8/1∶1.5	8/1∶1.5	8/1∶1.5	8/1∶1.5
	第二级	m/1∶n	8/1∶1.75	8/1∶1.75	8/1∶1.75	8/1∶1.75	8/1∶1.75
两级挖方边坡高度/坡率	第一级	m/1∶n	8/1∶1	8/1∶1	8/1∶1	8/1∶1	8/1∶1
	第二级	m/1∶n	8/1∶1.25	8/1∶1.25	8/1∶1.25	8/1∶1.25	8/1∶1.25

续表 4-3

参数项	单位	高速公路			一级公路	
		八车道	六车道	四车道	六车道	四车道
边坡平台	m	2	2	2	2	2
截水沟顶宽	m	1.2	1.2	1.2	1.2	1.2
截水沟距坡顶距离	m	5	5	5	5	5
W_J	%	30	25	25	10	10

表 4-4 微丘区二、三、四级公路路基工程用地指标计算相关参数

参数项		单位	二级公路	三级公路	四级公路
T		%	55	55	55
T_1		%	90	93	95
T_2		%	10	7	5
W		%	45	45	45
W_1		%	90	93	95
W_2		%	10	7	5
二级填方边坡高度/坡率	第一级	m/1:n	8/1:1.5	8/1:1.5	8/1:1.5
	第二级	m/1:n	6/1:1.75	6/1:1.75	6/1:1.75
二级挖方边坡高度/坡率	第一级	m/1:n	8/1:1	8/1:1	8/1:1
	第二级	m/1:n	6/1:1.25	6/1:1.25	6/1:1.25
边坡平台		m	2	2	2
截水沟顶宽		m	1.2	1.2	1.2
截水沟距坡顶距离		m	5	5	5
W_J		%	5	5	5

相关说明如下:

路基平均计算填挖高度:综合调研、搜集资料统计分析情况和专家意见,同时考虑节约用地的要求,修订采用值,除四级公路略有提高外,其他各级公路比原指标值有较多降低。

边坡高度:单级边坡的高度按路基平均计算填挖高度控制,且按平原区同样的模型和方法计算用地;两级边坡的高度根据相关规范的规定确定。

边坡坡率:按土质边坡考虑,根据相关规范的一般规定确定边坡坡率。

地面斜坡度:按5°取值。

(3)山岭重丘区

山岭重丘区公路路基用地的计算模型,需考虑如下特点:

①由于地形、地质条件复杂,填挖方路段交错分布,无规律性,"路基平均计算填挖高度"不具有控制意义;

②总体看,山岭重丘区路基填挖高度大于平原、微丘区,部分路段存在两级、三级甚至四级高边坡;

③部分深挖方路段需设置截水沟。

因此,山岭重丘区公路路基用地的计算模型,应根据一般路基的断面形式进行分析,重点研究各种边坡的高度、坡率出现的概率,确定其权重,然后根据相应的断面模型计算路基用地。按模型计算每延米路基用地面积的公式如下:

$$
\begin{aligned}
\text{路基用地} &= T\times\text{填方路基用地}+W\times\text{挖方路基用地}\\
&= T\times(\text{单级边坡填方路基用地}\times T_1+\\
&\quad \text{两级边坡填方路基用地}\times T_2)+W\times\\
&\quad (\text{单级边坡挖方路基用地}\times W_1+\\
&\quad \text{两级边坡挖方路基用地}\times W_2+\\
&\quad \text{三级边坡挖方路基用地}\times W_3+\\
&\quad \text{四级边坡挖方路基用地}\times W_4)
\end{aligned}
$$

其中,各分项的计算公式与前述微丘区的公式类同,不同的计算公式如下:

三级边坡挖方路基用地 = 路基宽度 + 两侧边沟顶宽 + 两侧碎落台宽度 + 两侧三级边坡宽度 + 三级边坡截水沟用地 + 两侧用地界宽

三级边坡宽度 = 第一级边坡坡率 × 第一级边坡高度 + 边坡平

台宽度 + 第二级边坡坡率 × 第二级边坡高度 + 边坡平台宽度 + 第三级边坡坡率 × 第三级边坡高度

四级边坡挖方路基用地 = 路基宽度 + 两侧边沟顶宽 + 两侧碎落台宽度 + 两侧四级边坡宽度 + 四级边坡截水沟用地 + 两侧用地界宽

四级边坡宽度 = 第一级边坡坡率 × 第一级边坡高度 + 边坡平台宽度 + 第二级边坡坡率 × 第二级边坡高度 + 边坡平台宽度 + 第三级边坡坡率 × 第三级边坡高度 + 边坡平台宽度 + 第四级边坡坡率 × 第四级边坡高度

两级边坡截水沟用地 =（截水沟顶宽 + 截水沟至边坡坡顶距离）$\times W_{J1}$

三级边坡截水沟用地 =（截水沟顶宽 + 截水沟至边坡坡顶距离）$\times W_{J2}$

四级边坡截水沟用地 =（截水沟顶宽 + 截水沟至边坡坡顶距离）$\times W_{J3}$

式中：T——填方路段权重；

T_1——在填方路段中设单级边坡路段的权重；

T_2——在填方路段中设两级边坡路段的权重；

W——挖方路段权重；

W_1——在挖方路段中设单级边坡路段的权重；

W_2——在挖方路段中设两级边坡路段的权重；

W_3——在挖方路段中设三级边坡路段的权重；

W_4——在挖方路段中设四级边坡路段的权重；

W_{J1}——在两级边坡挖方路段中设截水沟路段的权重；

W_{J2}——在三级边坡挖方路段中设截水沟路段的权重；

W_{J3}——在四级边坡挖方路段中设截水沟路段的权重。

编制计算用地指标所采用的主要参数列在条文表 4.0.5-3 和表 4.0.5-6 中，其他相关参数见表 4-5、表 4-6。

表 4-5　山岭重丘区高速、一级公路整体式路基工程用地指标计算相关参数

参 数 项	单位	高 速 公 路			一 级 公 路	
		六车道	四车道		六车道	四车道
T	%	40	40	40	40	40
T_1	%	60	70	70	80	80
T_2	%	40	30	30	20	20
W	%	60	60	60	60	60
W_1	%	20	30	35	45	45
W_2	%	30	32	30	40	40
W_3	%	35	25	25	10	10
W_4	%	15	13	10	5	5
截水沟顶宽	m	1.2	1.2	1.2	1.2	1.2
截水沟距坡顶距离	m	5	5	5	5	5
W_{J1}	%	60	60	60	40	40
W_{J2}	%	70	70	70	50	50
W_{J3}	%	70	70	70	60	60

表 4-6　山岭重丘区二、三、四级公路路基工程用地指标计算相关参数

参 数 项	单位	二 级 公 路		三 级 公 路		四 级 公 路	
T	%	40	40	40	40	40	40
T_1	%	80	80	90	90	90	90
T_2	%	20	20	10	10	10	10
W	%	60	60	60	60	60	60
W_1	%	80	80	90	90	90	95
W_2	%	10	10	5	5	10	5
W_3	%	10	10	5	5	0	0
W_4	%	0	0	0	0	0	0
截水沟顶宽	m	1.2	1.2	1.2	1.2	1.2	1.2
截水沟距坡顶距离	m	5	5	5	5	5	5
W_{J1}	%	40	40	10	10	5	5
W_{J2}	%	45	45	15	15	10	10

相关说明如下：

边坡高度：由于环境保护及新设计理念的要求，山岭重丘区公路大填大挖的情况已比较少。根据公路建设新的情况，并从节约用地出发，本次修订，高速、一级公路填方边坡高度按 20m 控制，挖方边坡高度按 32m 控制；二、三、四级公路填方边坡高度按 18m 控制，挖方边坡高度二、三级公路按三级边坡 22m 控制，四级公路按两级边坡 16m 控制。

边坡坡率：填方路基按土质边坡考虑；挖方路基在考虑有一定边坡防护的基础上，路基边坡按普通岩质和较密实土质考虑，根据相关规范的一般规定确定边坡坡率。

4.0.6 本条规定分离式路基工程的用地指标。其编制情况说明如下：

随着公路建设（特别是高速公路建设）的不断深入，适应地形要求的分离式路基越来越多。为了适应公路建设发展的需要，本次修订增加高速、一级公路分离式路基工程用地指标。

根据规范规定，编制高速、一级公路分离式路基工程用地指标采用的路基宽度各组成部分见表 4-7。

表 4-7 高速、一级公路分离式路基宽度组成表

<table>
<tr><th rowspan="4">地形类别</th><th rowspan="4">公路技术等级</th><th rowspan="4">半幅车道数</th><th rowspan="3">路基宽度</th><th colspan="6">路基宽度组成部分</th></tr>
<tr><th colspan="2">左侧路肩</th><th rowspan="2">每车道宽度</th><th colspan="2">右侧路肩</th></tr>
<tr><th>土路肩</th><th>硬路肩</th><th>硬路肩</th><th>土路肩</th></tr>
<tr><th>m</th><th>m</th><th>m</th><th>m</th><th>m</th><th>m</th></tr>
<tr><td rowspan="8">Ⅰ、Ⅱ类</td><td rowspan="6">高速公路</td><td rowspan="2">四</td><td>22</td><td>0.75</td><td>2.5</td><td>3.75</td><td>3.0</td><td>0.75</td></tr>
<tr><td>21.75</td><td>0.75</td><td>2.5</td><td>3.75</td><td>3.0</td><td>0.75</td></tr>
<tr><td rowspan="2">三</td><td>17</td><td>0.75</td><td>1.25</td><td>3.75</td><td>3.0</td><td>0.75</td></tr>
<tr><td>16.75</td><td>0.75</td><td>1.00</td><td>3.75</td><td>3.0</td><td>0.75</td></tr>
<tr><td rowspan="2">二</td><td>13.75</td><td>0.75</td><td>1.25</td><td>3.75</td><td>3.5</td><td>0.75</td></tr>
<tr><td>13</td><td>0.75</td><td>1.0</td><td>3.75</td><td>3.0</td><td>0.75</td></tr>
<tr><td rowspan="2">一级公路</td><td rowspan="2">三</td><td>16.75</td><td>0.75</td><td>1.0</td><td>3.75</td><td>3.0</td><td>0.75</td></tr>
<tr><td>16</td><td>0.75</td><td>0.75</td><td>3.75</td><td>2.5</td><td>0.75</td></tr>
</table>

续表 4-7

地形类别	公路技术等级	半幅车道数	路基宽度	路基宽度组成部分					
				左侧路肩		每车道宽度	右侧路肩		
				土路肩	硬路肩		硬路肩	土路肩	
			m	m	m	m	m	m	
Ⅰ、Ⅱ类	一级公路	二	13	0.75	1.0	3.75	3.0	0.75	
			12.25	0.75	0.75	3.75	2.5	0.75	
Ⅲ类	高速公路	三	16	0.75	0.75	3.75	2.5	0.75	
		二	13	0.75	1.0	3.75	3.0	0.75	
			12.25	0.75	0.75	3.75	2.5	0.75	
	一级公路	二	13	0.75	1.0	3.75	3.0	0.75	
			12.25	0.75	0.75	3.75	2.5	0.75	
			11.25	0.50	0.75	3.50	2.5	0.50	

注:表中 21.75m 宽的半幅四车道高速公路左侧最外侧车道宽度采用 3.5m。

1. 边坡联体分离式路基

断面形式如图 4-3 所示。

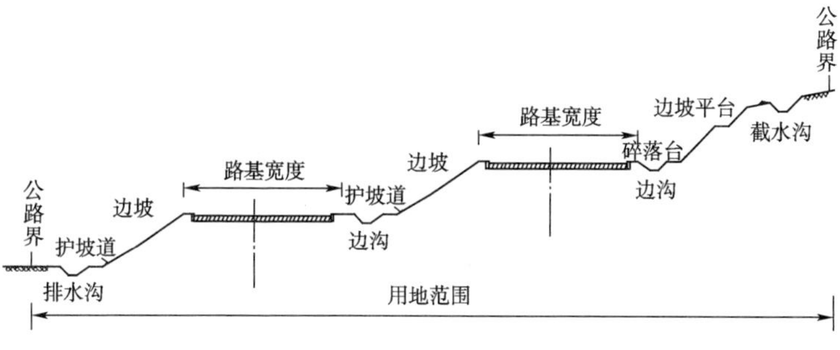

图 4-3 边坡联体分离式路基断面形式示意图

边坡联体分离式路基多用于山岭重丘区地面自然坡度较陡的地形，平原、微丘区很少采用，因此，用地指标按山岭重丘区地形考虑编制。

边坡联体分离式路基的用地面积计算按一个整体模型考虑，每延米路基用地面积的计算公式如下：

路基用地 = 左幅路基用地宽度 + 联体边坡边沟顶宽 +
联体边坡护坡道宽 + 联体边坡宽度 +
右幅路基用地宽度

其中,左幅路基用地宽度按山岭重丘区填方断面模型计算,只计一侧的边坡、排水沟等占地;右幅路基用地宽度按山岭重丘区挖方断面模型计算,只计一侧的边坡、边沟等占地,其中边坡按两级考虑。

计算指标采用的主要参数列在条文表 4.0.6-1 中。

2. 两幅完全分离式路基

断面形式如图 4-4 所示。

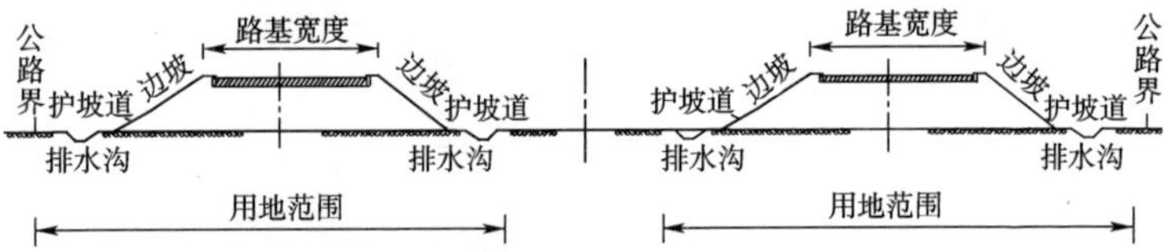

图 4-4　两幅完全分离式路基断面形式示意图

对于两幅完全分离式路基,只对其中半幅路基编制用地指标,半幅路基的计算模型与前述高速、一级公路整体式路基类同,只是按半幅路基的宽度计算,并适当调整边坡参数。

由于地形条件、分期修建或建设理念等原因,两幅完全分离式路基在各种地形条件下都可能出现,因此本次修订编制了三种地形条件下的用地指标。

为了适应分期修建情况,并对两幅完全分离式路基内侧坡脚之间的土地的计算问题进行规定,条文中的指标表按半幅路基的用地面积列出,对于只建设半幅的公路工程项目,应直接使用;对于两半幅同时建设的公路工程项目,可按表中用地指标值的两倍使用。

两幅完全分离式路基内侧坡脚之间的土地的性质难于界定,是否计入公路占地,不同地区、不同公路工程项目的处理可能不同,因此,条文中规定单独计算,并列表说明,上报主管部门审批。

对平原、微丘区存在的两幅路基间距较小、内侧边坡交叉的分离式路基,可参考两幅完全分离式路基,适当修正确定用地指标。

4.0.7　本条规定路基工程用地指标对于路基宽度变化的调整指

标，根据路基宽度的增加或减少相应增加或减少路基工程用地指标值。本调整指标不宜用于路基宽度变化过大的调整，当路基宽度变化超过一个车道及以上时，宜根据实际设计方案计算。

4.0.8 本条规定路基工程用地指标对于路基平均计算（填挖）高度变化的调整指标（适用于平原、微丘区），根据该高度值的增加或减少相应增加或减少路基工程用地指标值。本调整指标不宜用于路基平均计算（填挖）高度变化过大的调整，当该高度值高速公路变化超过2m、一级公路变化超过3.5m、其余等级公路变化超过4m时，宜根据实际设计方案计算。

4.0.9 在基本无植被覆盖的荒漠区，由于人烟稀少，公路的通道、交叉工程少，路基平均高度低，为了提高安全性并节省安全设施工程，路基边坡一般采用1:3～1:8的缓边坡，排水设施一般采用浅碟形边沟，并多数采用完全分离式路基。考虑到荒漠区公路的这些特点，经测算，在平原区路基工程用地指标的基础上，提出了荒漠区的调整系数。

4.0.10 本章指标是按一般条件编制的。对于特殊地形、地质条件下的路段，当边坡高度、边坡坡率、排水设施尺寸等采用非常规值时，路基工程用地指标按本条规定系数调整。为控制非常规设计的用地，本条规定了"经相关主管部门审定"的前提条件。

4.0.11 当高速、一级公路右侧硬路肩的宽度小于2.5m时，按公路技术标准规定需设置港湾式应急停车带；在山岭重丘区，因地形条件原因而出现连续的长大纵坡路段，为确保公路通行能力和行车安全，需增设必要的爬坡车道、避险车道等设施；当中央分隔带宽度小于2m时，通信管线需埋设于路基排水沟外侧。这些情况下的用地面积在前述按一般情况计算的路基工程用地指标中均未计入，因此分别增加相应的用地。

4.0.12 复合式互通式立体交叉中子互通立交之间的路段、大型枢纽互通式立体交叉的加减速车道变化路段等，为确保公路的通行能力和行车安全，需增设辅助车道；高速公路分、合流路段需在标准路基宽度基础上加宽。这些情况下增加的用地在前述按一般情况计算的路基工程用地指标中均未计入，也不属于互通式立体交叉工程范围，应按实际设计情况增加相应的用地。

4.0.13 风沙、雪害条件下的路基，因防护要求增加的用地面积很大，应进行专门设计，并按实际设计方案计算相应增加的用地面积；其他如冻土、地震、软土等条件下的路基，因防护要求、病害处理所需增加的用地面积按第九章的相关规定执行。

第五章　桥梁工程用地指标

5.0.1　本条说明桥梁工程用地指标的适用范围和不包含的内容。

桥头引道或接线的占地与路基工程性质相同,桥台占地的断面模型也与路基工程相似,因此,桥梁工程用地指标不计桥台、桥头引道或接线占地,其用地面积按第四章路基工程用地指标计算。

5.0.2　本条给出了桥梁工程用地面积的计算公式,按桥梁上部结构的正投影面积计算。主要考虑的因素如下:

桥梁工程的用地面积只与桥梁的跨径长度、上部结构建筑宽度、桥下河流常水位水面宽度有关,因此按同一公式计算。由于不在此计算桥台的占地面积,因此桥梁长度按不包含桥台的跨径长度计算。桥梁跨径长度是由项目的具体自然条件决定的,不同的项目变化较大,无法通过统计分析确定一个固定的值,故按实际取值进行计算。

跨江或跨河的桥梁,桥下常水位时的水面宽度范围的土地不应作为桥梁用地,因此应按水面宽度扣减,但桥下水面宽度也难以统计确定一个固定值,因此根据实际宽度计算;跨鱼塘、水塘、人工修筑的小型灌溉渠的桥梁,桥下土地一般需要征用,应计算为桥梁用地;跨越水库的桥梁,应根据水库的具体性质和用途确定是否计算用地;跨海桥梁,可参照本章指标,并依据国家海域管理有关法规计算用地。

5.0.3　顺江或顺河布设的桥梁,桥下常水位时水面宽度范围的土地,与横跨江(河)桥梁的情况类似,但对江(河)岸的防护(当桥梁靠近岸边时)或通航(当河流通航时)有影响,因此,其水面宽度范围的土地是否扣除,应根据实际情况确定。

5.0.4　部分桥梁工程,特别是城市附近修建的桥梁工程,为绿化和美化环境,或配合城市的整体规划,可能在桥头附近修建一定规模的桥头公园等绿化地或其他人造景观构造物,本章指标计算公式未考虑这部分用地,需要时可根据具体工程的实际情况单独计算,并报相关主管部门审批。

第六章　隧道工程用地指标

6.0.1　本条说明隧道工程用地指标的适用范围、分类和包含的内容。

原指标中规定隧道工程用地“由隧道洞口的连接线路段路基、隧道洞门仰坡、分离式路基及分离式路基间三角区等用地组成”。由于隧道洞口的“连接线路段路基”、“分离式路基”的措辞概念不明确，且属于路基工程范畴，因此本次修订把隧道洞口前的路基（整体式路基或分离式路基）剥离出来，改为按第四章路基工程用地指标的规定计算。

修订的隧道工程用地指标，除计算隧道洞口顶部仰坡的用地面积外，对于短隧道，由于洞身顶部覆盖层一般较薄，洞口开挖和洞身施工对其上土地影响较大，会引起洞顶水文和地质发生变化而不能保证土地的原有功能，因此，本次修订考虑了短隧道洞身的部分开挖用地。

6.0.2　本条规定中长隧道洞口仰坡的用地指标。其编制计算说明如下：

1. 隧道洞口仰坡用地面积影响因素

隧道洞口顶部仰坡坡率、开挖深度和开挖宽度是影响隧道洞口仰坡用地面积的主要因素。

(1)隧道洞口仰坡坡率和开挖深度

隧道洞口仰坡坡率和最大挖深由围岩级别决定，根据《公路隧道设计规范》(JTG D70—2004)的规定，编制计算采用的值见表6-1。

表6-1　隧道洞口仰坡坡率和开挖深度取值表

围岩级别	Ⅰ	Ⅱ	Ⅲ	Ⅳ	Ⅴ	Ⅵ
仰坡坡率(1∶n)	0.3	0.5	0.75	1	1.25	1.5
洞口挖深(m)	20	25	25	25	21	18

(2)隧道洞口开挖宽度

隧道洞口开挖宽度与洞口形式、宽度和双洞隧道的洞口净距有关。修订按连拱双洞、独立双洞、单洞隧道分类；洞口宽度与车道数有关，洞口净距与围岩级别有关，根据《公路隧道设计规范》（JTG D70—2004）的规定，同时参考工程建设的一般情况，编制计算采用的洞口宽度和洞口净距值见表6-2。

表6-2　隧道洞口开挖宽度及洞口净距取值表(m)

公路技术等级及隧道类型	车道数	毛洞开挖宽度	不同围岩级别的洞口净距					
			Ⅰ	Ⅱ	Ⅲ	Ⅳ	Ⅴ	Ⅵ
高速、一级公路连拱隧道	六	19.75	10	10	10	10	10	10
	四	16	10	10	10	10	10	10
高速、一级公路独立双洞隧道	六	19.75	40	45	52	60	77	87
	四	16	32	36	42	48	62	71
二级以下公路单洞隧道	二	16	0	0	0	0	0	0

(3)隧道洞门端墙厚度

按2m计。

(4)隧道洞口仰坡坡脚至洞门墙背水平距离

按3~5m计。

2. 隧道洞口仰坡用地面积计算

隧道洞口仰坡用地面积采用模型分析计算，参数包括隧道洞口开挖宽度、仰坡坡率、开挖深度和洞口净距等，用地面积包括洞口左右侧仰坡面积、正仰坡面积和洞口顶部平台面积。

6.0.3　本条规定短隧道用地指标。该指标是本次修订根据调研和专家意见增加的，指的是短隧道所占宽度（包括洞身宽度和双洞间净距）范围向上投影到顶部的土地面积，其值根据模型分析计算确定,相关的主要参数包括洞身宽度、洞口净距和隧道计算长度。具体参数取值参见上文,短隧道开挖所需用地的长度挖 100m 计。该指标编制计算包含了洞口仰坡的用地面积。

6.0.4 隧道竖井、斜井、风道等设施以及隧道外维修养护道路,随隧道的具体情况变化较大,故按实际情况另行计算。

第七章　交叉工程用地指标

第一节　互通式立体交叉

7.1.1　统计资料中,大多数互通式立体交叉的用地面积包含了主线、被交叉公路、匝道及匝道与交叉公路围成的区域及匝道收费广场,收费站管理设施与互通式立体交叉合并设置时,虽统一征地,但其用地面积是单独计列的,因此纳入沿线设施用地指标。为符合我国公路工程建设习惯,并保持与原指标的延续性,本次修订对互通式立体交叉用地范围的界定未作大的调整。

7.1.2　原指标对枢纽互通式立体交叉未进行细分,对山岭重丘区互通式立体交叉没有直接规定用地指标。近年来,我国高速公路建设已从平原、微丘区进入山岭重丘区,高速公路网络体系也初具规模,各种形式互通式立体交叉的工程实例更加丰富。为更准确地反映公路建设的新特点,本次修订量化了山岭重丘区一般互通式立体交叉的用地指标,并按照典型布设形式对四肢枢纽互通式立体交叉进行了细化。因此,将互通式立体交叉分一般互通式立体交叉和枢纽互通式立体交叉两大类,分别进行指标修订或编制。

一般互通式立体交叉,形式划分为三肢交叉单喇叭形、四肢交叉单喇叭形、双喇叭形、半苜蓿叶形和菱形;并按平原、微丘、山岭重丘地形类别划分。

枢纽互通式立体交叉,三肢的为Y形;四肢的,按照左转直连或半直连匝道的数量,分为Ⅰ形(含一条左转直连或半直连匝道的四肢交叉)、Ⅱ形(含两条左转直连或半直连匝道的四肢交叉)、Ⅲ形(含三条左转直连或半直连匝道的四肢交叉)、Ⅳ形(全部为直连或半直连匝道的四肢交叉)、Ⅴ形(全苜蓿叶形四肢交叉)。

本次修订搜集到的不同地形类别的枢纽互通式立体交叉的资料样本较少,从搜集到的资料样本看,枢纽互通式立体交叉由于功能的要求,受地形类别的影响较小,因此,本次修订对枢纽互通式立体交叉不分地形类别。

互通式立体交叉的基本形式及用地范围示意如图7-1～图7-10所示。

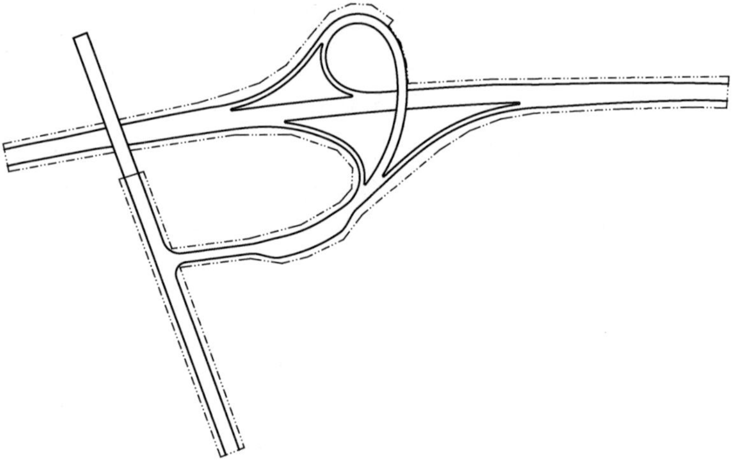

图7-1　单喇叭形互通式立体交叉

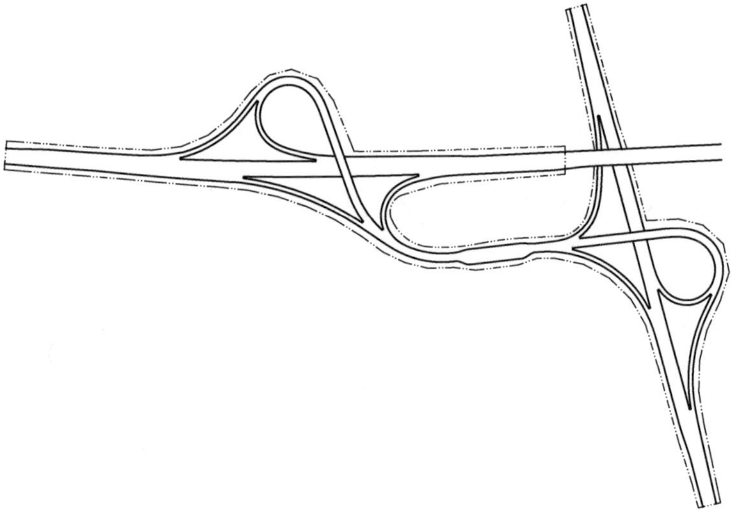

图7-2　双喇叭形互通式立体交叉

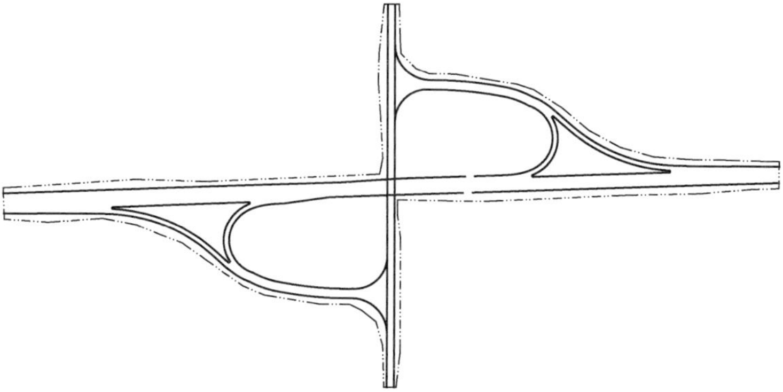

图 7-3　半苜蓿叶形互通式立体交叉

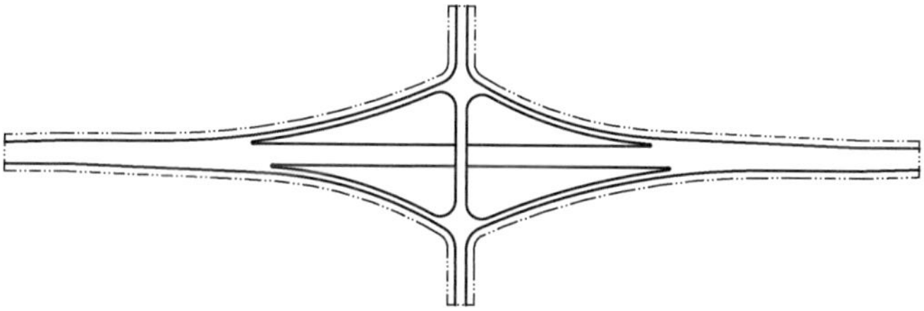

图 7-4　菱形互通式立体交叉

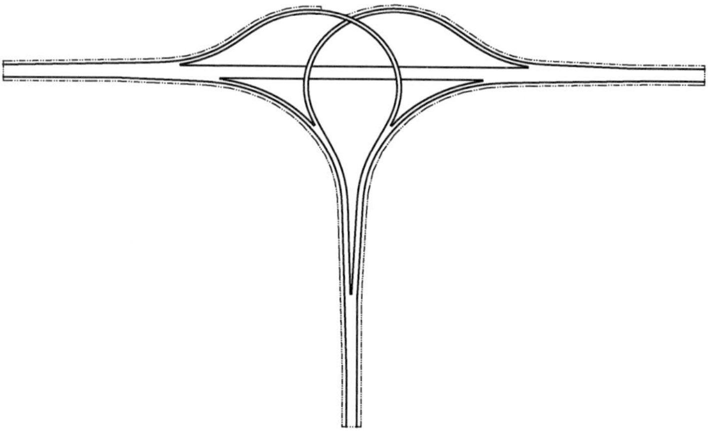

图 7-5　Y 形枢纽互通式立体交叉

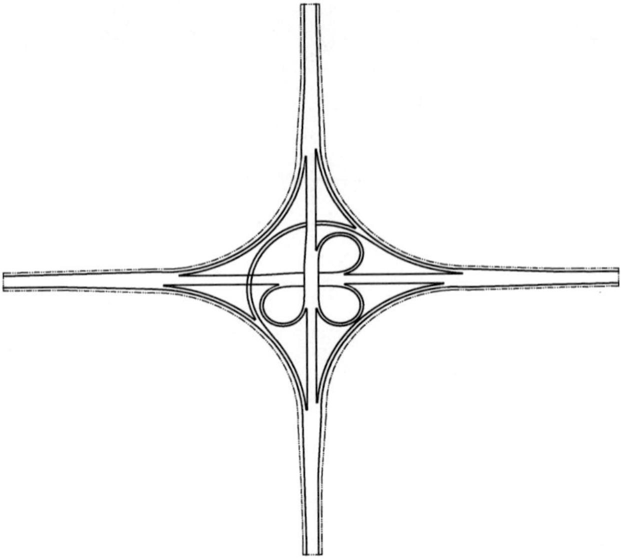

图 7-6　Ⅰ形枢纽互通式立体交叉

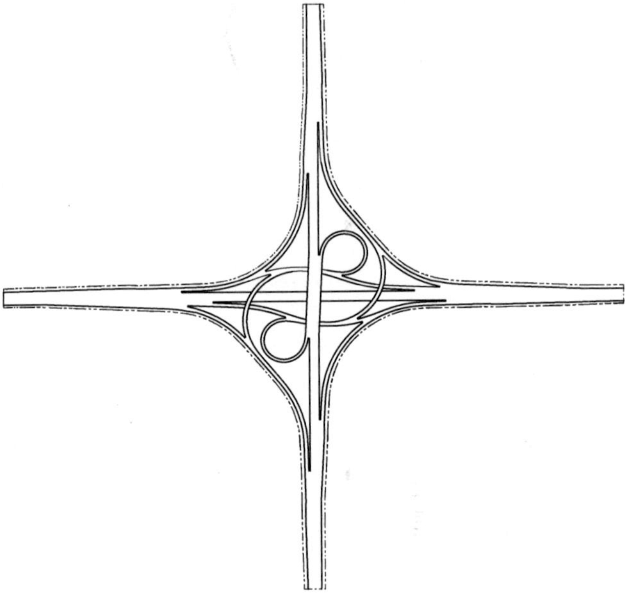

图 7-7　Ⅱ形枢纽互通式立体交叉

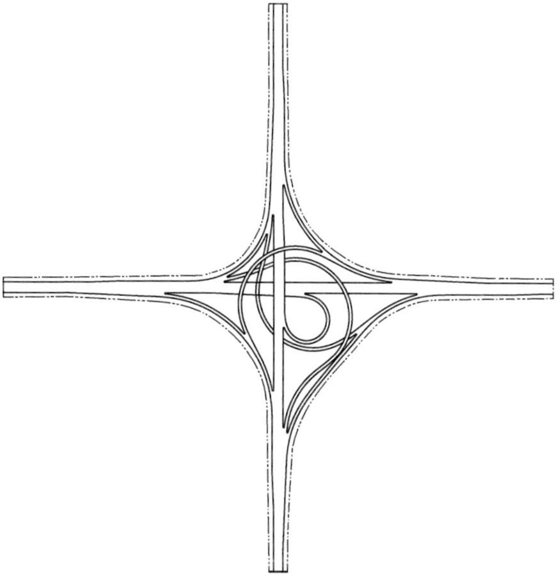

图 7-8 Ⅲ形枢纽互通式立体交叉

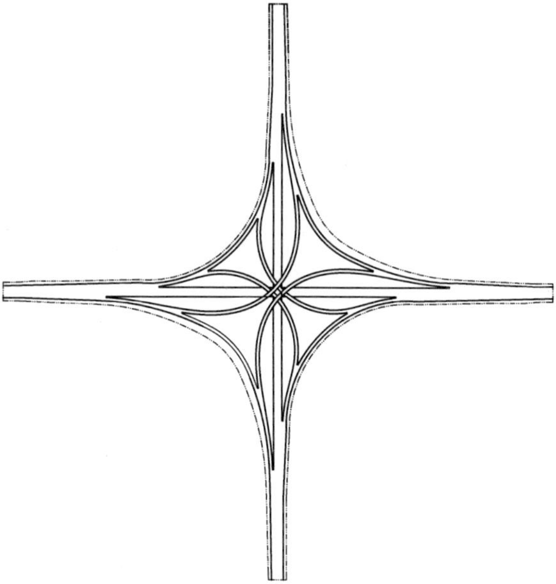

图 7-9 Ⅳ形枢纽互通式立体交叉

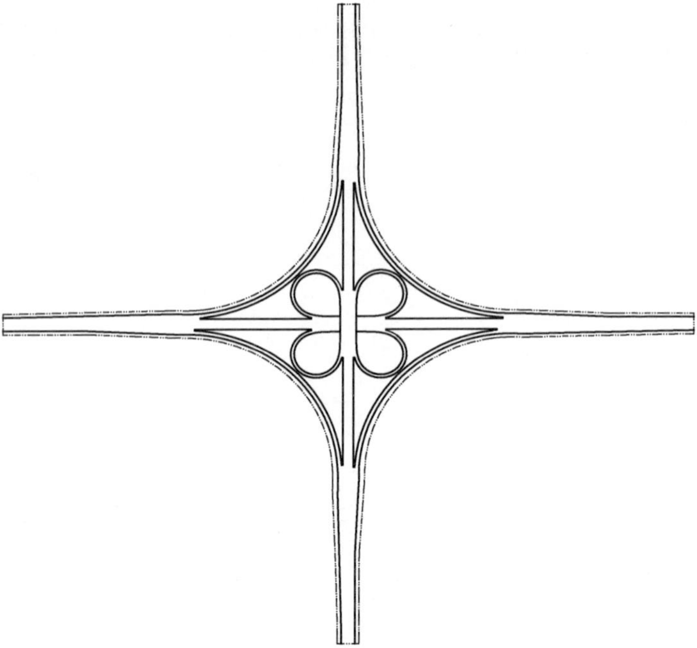

图 7-10　V 形枢纽互通式立体交叉

7.1.3　《公路工程技术标准》(JTG B01—2003)和《公路路线设计规范》(JTG D20—2006)中，设计速度相同时，高速公路和一级公路路基宽度相同，对互通式立体交叉的主线也仅按照设计速度划分不同的技术指标。因此，本次修订，在确定编制互通式立体交叉用地指标的工程规模时，对主线仅按照路基宽度划分，不再分高速公路和一级公路(原指标的工程规模按高速公路和一级公路分别规定)。

在全国高速公路建设总规模中，四车道高速公路占大多数。根据本次修订统计资料，六车道及以上高速公路仅占样本的 11% 左右。平原、微丘区互通式立体交叉中，主线路基宽度 28m 的互通式立体交叉约占 35%，山岭重丘区互通式立体交叉中，主线路基宽度 24.5m 的互通式立体交叉约占 72%。为使指标使用起来更加直观，本次修订对互通式立体交叉的主线及被交叉公路的路基宽度结合上述统计分析结果，并依据现行标准规范的规定进行了调整。

与《公路路线设计规范》(JTJ 011—94)相比,《公路路线设计规范》(JTG D20—2006)技术指标对互通式立体交叉占地的主要影响为变速车道、流入流出渐变率及辅助车道的变化。本次修订,通过建立模型,分析对比了规范相关指标的变化对互通式立体交叉相关部分长度的影响。分析结果见表7-1。

表7-1 规范相关指标的变化对互通式立体交叉区间长度影响分析

设计速度(km/h)	长度增减值(+增;-减)(m)					
	单车道匝道		双车道匝道		辅助车道	
	加速车道	减速车道	加速车道	减速车道	入口	出口
120	+50	+75	+144	+105	-200	-300
100	+40	+65	+130	+84	-250	-350
80	+40	+60	+132	+82	-300	-400

在模型分析的同时,本次修订,根据搜集的样本,对各形式互通式立体交叉的主线及被交叉公路的长度进行了统计分析,并依据分析结果及目前公路建设的特点对主线及被交叉公路的长度进行了修正。分析结果及修订采用值见表7-2。

表7-2 互通式立体交叉主线、被交叉公路长度统计分析(m)

立交形式	统计值		采用值	
	主线平均长度	被交叉公路平均长度	主线长度	被交叉公路长度
单喇叭形	1102	513	1100	500
双喇叭形	1378	1071	1500	1100
半苜蓿叶形	1256	—	1300	900
菱形	—	—	1300	900
三肢枢纽	2351	1972	2500	2500
四肢枢纽	2322	2388	2500	2500

半苜蓿叶及菱形互通式立体交叉由于样本数量少,且建设时间早,主线多为一级公路,技术指标较低,本次修订结合模型分析

进行了验证,未对其长度进行调整。

7.1.4 本条规定了互通式立体交叉的用地指标。其修订编制情况说明如下:

原指标中互通式立体交叉的指标及其体系,是在对理论值和统计值进行综合分析计算的基础上,考虑不同的保证率和适用条件确定的。其中,理论值通过建立各种形式的互通式立体交叉模型得出,统计值通过对搜集的样本进行数理统计分析得出,方法较合理。本次修订基本沿用了原指标的体系及相应编制方法,重点结合近年公路建设新的特点、要求及新的技术标准、规范的规定,并尽量以统计资料为主要依据,辅以模型分析,对原指标进行修订和完善,提出新的指标。

1. 新规范等对用地指标的影响分析

本次修订通过建立模型分析获得相关新规范的一些规定对互通式立体交叉用地指标的影响。

《公路路线设计规范》(JTG D20—2006)对互通式立体交叉占地面积的影响主要反映在变速车道、流入流出渐变率及辅助车道的变化上。本次修订,通过选取有代表性的互通式立体交叉形式分别按照《公路路线设计规范》(JTJ 011—94)和《公路路线设计规范》(JTG D20—2006)的技术指标建立模型,分析对比规范相关指标的变化对互通式立体交叉占地规模的影响。分析结果表明,在同等条件下,由于技术标准的变化引起的占地规模变化值约为0.1 ~ 0.3hm^2/座,约占一座互通式立体交叉总面积的0.1% ~1%。

主线、被交叉公路计算长度和路基宽度的调整对互通式立体交叉用地指标的影响则是根据长度和宽度调整公式计算得到。

2. 统计资料及修正情况

本次修订在互通式立体交叉方面搜集了共109条公路(路段)的相关资料,总里程约5283km,其中互通式立体交叉289座。各形式互通式立体交叉统计概况见表7-3。

针对枢纽互通式立体交叉又专门搜集了样本47个。剔除资料残缺和数据离散性偏大且无法校核的样本,对参与数据分析的样本进行了用地范围的甄别和用地面积的进一步修正,即扣除改路、管理中心、收费站房、连接线等非互通式立体交叉工程用地面积,并按照编制本章指标的工程规模对各互通式立体交叉的实际工程规模进行修正,以尽可能提高样本分析数据基础条件的一致性。

表 7-3　互通式立体交叉统计资料概况

立交形式		高速公路		一级公路	
		Ⅰ、Ⅱ类地形区	Ⅲ类地形区	Ⅰ、Ⅱ类地形区	Ⅲ类地形区
总数量(座)		204	59	19	7
枢纽互通	数量(座)	35	1	2	0
	比例(%)	17.16	1.69	10.53	0.00
单喇叭形	数量(座)	138	49	6	5
	比例(%)	67.65	83.05	31.58	71.43
双喇叭形	数量(座)	17	4	0	1
	比例(%)	8.33	6.78	0.00	14.29
半苜蓿叶形	数量(座)	6	1	3	0
	比例(%)	2.94	1.69	15.79	0.00
菱形	数量(座)	0	0	3	0
	比例(%)	0.00	0.00	15.79	0.00
其他形式	数量(座)	8	4	5	1
	比例(%)	3.92	6.78	26.32	14.29

考虑到部分省份不征用喇叭形互通式立体交叉由主线、被交叉公路和匝道所围成的三角区,本次修订将三角区的用地面积单独列出,供项目结合实际情况取舍,指标本身不包含三角区用地。

3. 用地指标的确定

对单喇叭形和平原、微丘区双喇叭形互通式立体交叉,以筛选并纠正后得到的样本数据为基础,按照主线公路技术等级和互通式立体交叉的形式进行分类统计和分析,根据其同类条件进行分组分析和综合分析,最终选取典型样本的用地值,以能覆盖总有效样本约75%范围的用地值校核，并按5亩整倍数取值，作为该形式互通式立体交叉用地指标。

山岭重丘区双喇叭形及各形式枢纽互通式立体交叉有效样本数量较少，结合典型样本的用地值，取置信度为75%的置信区间对应的用地值校核，以5亩整倍数取值，作为该形式互通式立体交叉用地指标。

半苜蓿叶形和菱形互通式立体交叉由于样本数量极少，基础资料不全，且样本项目建成时间早，或不具代表性，或难以在统一条件下分析，本次修订不依据统计值确定用地指标。其中半苜蓿叶形互通式立体交叉主要根据技术标准变化，对原指标进行修正，并结合新的建设特点，参考样本数据统计分析值，对指标进行适当调整，最后得到该形式互通式立体交叉的用地指标；菱形互通式立体交叉则按照模型分析计算值作为其用地指标。

编制互通式立体交叉用地指标所选用的典型工程的主要标准见表7-4。

表7-4　互通式立体交叉典型工程的主要标准

立交形式	主要控制标准
平原、微丘区单喇叭形	环形匝道半径57m < R < 65m
平原、微丘区单喇叭形	环形匝道半径46m < R < 65m
双喇叭形	环形匝道半径60m，不含三角地
半苜蓿叶形	被交叉公路平交口间距 < 400m，匝道最小半径 < 65m
菱形	被交叉公路平交口间距 < 200m
三肢枢纽Y形	主线为整体式路基，左转弯匝道设计速度 < 60km/h
四肢枢纽各形式	主线为整体式路基，左转弯匝道设计速度 < 60km/h，混合式环形匝道半径 R < 75m，交叉角度 > 70°

7.1.5　修订后的用地指标能够满足一般情况下互通式立体交叉的用地需求。当少量互通式立体交叉转向交通量大，对通行能力要求较高，需采用较高指标（如设计速度等）或受地形等因素制约难以紧凑布局时，考虑设调整系数。

本条规定一般互通式立体交叉用地指标的调整系数及使用条件。调整系数按如下方法编制：

对单喇叭形、平原、微丘区双喇叭形互通式立体交叉，取该情况下典型样本用地值，以能覆盖总有效样本约90%范围的用地值做校核，除以常规值，在百分位取5的整倍数，作为该形式互通式立体交叉用地指标调整系数上限。

山岭重丘区双喇叭形互通式立体交叉，取该情况下典型样本用地值，取样本置信度为95%的置信区间计算的用地值做校核，除以常规值，在百分位取5的整倍数，作为该形式互通式立体交叉用地指标调整系数上限。

菱形互通式立体交叉仍按模型分析确定调整系数；半苜蓿叶形互通式立体交叉结合模型分析，并参考原指标的高值修正折减后，在百分位取5的整倍数，作为该形式互通式立体交叉用地指标调整系数上限。

各形式互通式立体交叉需调整时的主要技术标准见表7-5。

表7-5 互通式立体交叉需调整时的主要技术标准

立交形式	主要控制标准
喇叭形	环形匝道半径 $60m < R < 85m$，不含三角地
半苜蓿叶形	被交叉公路平交口间距 $400m < L < 600m$，匝道最小半径 $> 65m$
菱形	被交叉公路平交口间距 $200m < L < 400m$
三肢枢纽Y形	匝道同向分岔、合流按照主线分岔、合流设计； 左转弯匝道设计速度≥60km/h
四肢枢纽各形式	匝道同向分岔、合流按照主线分岔、合流设计；左转弯匝道设计速度≥60km/h；混合式环形匝道半径 $70m < R < 100m$，交叉角度 $< 70°$
其他形式	受地形、地物等因素制约，匝道不能紧凑布设

7.1.6 本条规定枢纽互通式立体交叉用地指标的调整系数及使用条件。调整系数编制方法为：选取枢纽互通式立体交叉典型样

本用地值，取样本置信度为95%的置信区间计算的用地值做校核，除以常规值，在百分位取5的整倍数，作为该形式互通式立体交叉用地指标调整系数上限。枢纽互通式立体交叉需调整时的主要技术标准见表7-5。

7.1.7 五肢及五肢以上枢纽互通式立体交叉的用地面积受多种因素影响，不确定性较大，加之该种形式的互通式立体交叉使用较少，本次修订不再提出具体用地指标，其用地面积可按照经审查批准的工程方案实际计算。

7.1.8 近年来，复合式互通式立体交叉出现的频率有所增加。鉴于复合式互通式立体交叉与两独立的子互通式立体交叉的主要用地规模差异为不超过1000m的净交织段增加的用地面积，同互通式立体交叉总用地规模相比所占比例较小，故本章指标仅考虑参照被复合的两个子互通式立体交叉用地指标之和取值。

7.1.9 由于互通式立体交叉连接线的规模具有不确定性，使得形式相同但连接线长度不同的互通式立体交叉的用地规模差异较大。在实际建设中，当连接线较长时，对互通式立体交叉的用地面积影响较大。在项目审批过程中，互通式立体交叉连接线也需要单独计列规模。为使互通式立体交叉的用地界面更加明晰，指标更加合理，同时也更符合建设习惯，本次修订规定连接线的用地单独计列，不纳入互通式立体交叉的用地指标内。

7.1.10 本条规定当实际互通式立体交叉的主线、被交叉公路的长度、宽度与本章指标编制采用的标准和规模不同时，可对用地指标进行调整，调整指标由根据模型分析得到的公式计算。

第二节 分离式立体交叉和天桥

7.2.1 本条规定分离式立体交叉及天桥用地指标的适用范围。指标编制计算按被交叉公路为二级考虑。由于大多数主线下穿的分离式立体交叉和车行天桥的被交叉公路宽度与二级公路的宽度差别不很大，上跨桥的纵坡、桥下净空要求也相差不大，对被交叉公路上跨的长度影响不大，因此不考虑被交叉公路的技术等级及长度变化。

7.2.2 本条规定主线下穿的分离式立体交叉和车行天桥的用地指标。

地形的变化对主线下穿的分离式立体交叉的被交叉公路的用地规模影响较大，本次修订按照不同地形对被交叉公路进行了统计分析，并结合本次修订调研期间部分省份反映的情况，对原指标的工程规模进行了调整。

分离式立体交叉的被交叉公路改建长度和路基宽度统计分析结果及本次修订编制计算的采用值见表7-6。

表7-6 主线下穿的分离式立体交叉被交叉公路工程规模

地形类别	被交叉公路平均宽度(m)		被交叉公路改建长度(m)	
	统计值	采用值	统计值	采用值
Ⅰ、Ⅱ类	10.2	12.0	654.3	700
Ⅲ类	7.9	10.0	428.1	500

根据上述调整后的工程规模，并按路基平均填土高度4m，护坡道宽1m，边沟总宽1.8m，用地界按边沟外1m考虑，主线下穿的分离式立体交叉用地指标为：平原、微丘区2.2120hm^2/座（$[12+(4\times1.5+1+1.8+1)\times2]\times350\times2\div10000=2.2120$），山岭重丘区1.4800 hm^2/座（$[10+(4\times1.5+1+1.8+1)\times2]\times250\times2\div10000=1.4800$）。

本次修订增列了车行天桥的用地指标。车行天桥与分离式立体交叉相比，用地面积的主要区别在于被交叉公路路基及跨线桥宽度不同。天桥的用地指标根据被交叉公路的改建长度参照分离式立体交叉用地指标计算，被交叉公路路基宽度按照6m计，相应用地指标为：平原、微丘区1.7920hm^2/座（$[6+(4\times1.5+1+1.8+1)\times2]\times350\times2\div10000=1.7920$），山岭重丘区1.2800$hm^2$/座（$[6+(4\times1.5+1+1.8+1)\times2]\times250\times2\div10000=1.2800$）。

被交叉公路改建时，常因交叉角度调整而调整路线，因此用地指标不再扣除原有公路占地规模。

7.2.3 对于主线上跨的分离式立体交叉，当被交叉公路（下穿）需要改线时，主线路基以外范围被交叉公路的占地可参照本节指标中主线下穿的分离式立体交叉用地指标计算，但其用地不属于交叉工程用地，应计入改移工程用地中。

第三节 通　　道

7.3.1 本条说明通道用地指标的计算范围及适用范围。

根据统计资料，近年建设的公路工程项目中，机耕通道的规模和数量有所增加，本次修订将机耕通道纳入用地指标。

7.3.2 考虑到汽车通道和机耕通道的被交道路为等外公路或机耕道等，路基宽度多不超过6m。本次修订，将通道的计算宽度调整为6m，主线两侧接顺地方道路的长度按主线用地范围以外每侧50m考虑，用地指标相应调整为0.0960hm^2/座（$(6+1.8\times2)\times50\times2\div10000=0.0960$）。

第四节 平面交叉

7.4.1 随着公路建设的快速发展和交通需求的增大，我国公路密度不断加大，平面交叉数量随之增加；同时，"以人为本、安全至上"等理念在公路建设中不断深入，平面交叉设计日臻规范，其用地规模在公路建设中的比重也逐渐提高，因此，本次修订增加了平面交叉的用地指标。

在已搜集的资料中，样本公路工程项目的平面交叉范围及被交叉公路的设计速度、路基宽度等资料不全，且用地面积的统计标准不一致，难以系统分析。为简化分析条件和方便使用，本次修订将因设置平面交叉而增加的用地作为平面交叉用地指标的计算范围，不含相交公路路基自身的用地。

7.4.2 根据分析，当仅考虑用地面积增加值时，平面交叉用地规模与主要公路、次要公路的功能定位、转向交通量、设计速度有关，而受交叉公路的路基宽度、车道数等因素影响较小。

从满足公路功能、保障行车安全及通行能力和节约用地出发，当交叉公路均为二级及以上干线公路或转向交通量大的集散公路时，宜采用立体交叉，而不提倡采用平面交叉，近年建成的工程实例也越来越多地反映了这一特点。因此，本次修订编制平面交叉用地指标，重点考虑主要公路采用不同设计速度，次要道路为非干线，且转向交通量不大的二、三级公路的平面交叉情况，不考虑公路功能和转向交通量对平面交叉用地规模的影响。具体指标则通过建立模型计算理论值和对搜集的资料进行分析得到统计值，经综合分析确定。

对搜集资料的分析结果见表 7-7。

表 7-7 平面交叉用地指标分析统计资料结果

公路技术等级	平交间距（km）	平均加铺面积（hm^2/处）
一级公路	0.96	0.1403
二级公路	0.95	0.0154

在模型分析中，主要公路按照设计速度划分，次要公路则统一按照设计速度 40km/h 的标准考虑。主要公路考虑仅设置加、减速车道各一条（十字形）或左、右转弯减速车道各一条，次要公路不设置附加车道，并考虑一定的交叉角度修正值；当交叉公路为转向交通量较小的三、四级公路时，平面交叉基本采用加铺转角方式处理。本次按照加铺转角半径 15m，T 形交叉与十字交叉各占一半比例，并考虑适当的交叉角度修正系数。

考虑到目前我国公路建设中，平面交叉大多数未做渠化，规模总体偏小，难以保障行车安全和适应交通需求，对平面交叉进行渠化已成为设计原则之一列入了相关规范。因此，本章指标的拟定以建立模型分析为主，以统计资料分析验证，并将模型值作为用地指标。

7.4.3 环形平面交叉的规模实际项目变化很大，难以确定统计和控制意义上的规模，且在我国的应用比较少，因此，本条只规定了环形平面交叉用地的组成内容，其用地面积则按审查批准的设计规模计算。

第八章　沿线设施用地指标

第一节　一般规定

8.1.1　本条说明沿线设施用地指标的分类。根据《高速公路交通工程及沿线设施设计通用规范》(JTG D80—2006)的规定,公路沿线设施分为服务设施(含服务区、停车区)和管理设施(含收费设施、监控通信设施和养护设施)。本次修订沿用了原指标的分类方法,将沿线设施用地指标分为收费设施、服务设施、监控通信设施和养护设施等进行编制。

根据我国现行公路建设和运营管理体制,公路建设项目还涉及管理中心建设。管理中心一般分为省管理中心、地区管理中心(分中心)和路段管理中心。省管理中心对全省(直辖市、自治区)范围公路的监控通信、收费和养护等进行综合管理,地区管理中心对某一区域公路的监控通信、收费和养护等进行集中管理,路段管理中心则是经政府授权对独立投资建设和运营的路段进行经营管理。由于我国公路建设投资体制的日益多元化,政府按路段授权社会投资机构建设高速公路的项目越来越多,因此,相应必须配置的路段管理中心越来越多。

但上述各种管理中心在标准规范或政策文件中的规定还不太明确,根据主管部门审查意见,本次修订的沿线设施指标正式条文不纳入管理中心建设用地指标。实际工作中,省管理中心和地区管理中心确需建设时,经主管部门批准,其用地根据实际需要专项报批;路段管理中心根据投资建设和经营协议必须设置时,经政府主管部门批准建设,其用地指标可参考采用:高速公路1.4667 hm^2/处,一级公路1.0667hm^2/处。

8.1.2　由于沿线设施位置不同,所处的地形不同,场区填(挖)方边坡、边沟以及与主线连接道路的用地面积差异较大,因此沿线设施用地指标均为场区平面面积，不包括场区填（挖）方边坡、边沟以及与主线连接道路的用地面积，这些面积根据地形条件按实际发生计算。

第二节　收费设施

8.2.1　本条说明收费设施用地指标包括的内容。收费站管理设施指的是收费站的管理办公建筑等设施，不包括收费亭，收费亭包括在收费广场中。

8.2.2　本条规定主线收费站管理设施和互通式立体交叉匝道收费站管理设施的用地指标。修订说明如下：

1. 主线收费站管理设施用地指标

原指标规定的主线收费站管理设施用地指标为 0.8667 ~ 1.0000hm^2（13 ~ 15 亩）/座，而根据本次修订搜集的高速公路主线收费站资料的统计分析，平均占地为 1.4860hm^2（24.41 亩）/座。主线收费站管理设施的规模与管理模式、公路技术等级、交通量等诸多因素有关。本次修订将主线收费站路段交通量与收费站管理设施的用地面积联系进行研究，参考调查搜集的主线收费站资料的统计分析数据确定用地指标。通过对四 ~ 八车道高速公路主线收费站资料进行综合分析，并参考专家意见，确定高速公路主线收费站管理设施用地指标为 1.5333hm^2（23 亩）/处。

本次修订搜集到的一级公路主线收费站样本资料较少，数据离散性较大。根据调研情况，原一级公路主线收费站管理设施用地指标基本合理，因此修订指标值基本保持不变，为 0.8667hm^2（13 亩）/处。

根据国家最新政策，实行燃油税后拟逐步取消二级公路收费，因此本次修订不计算二级公路收费站用地。

2. 互通式立体交叉匝道收费站管理设施用地指标

原指标规定的匝道收费站用地指标为 0.3333 ~ 0.4667hm^2（5 ~ 7 亩）/座，本次修订对 92 座互通式立体交叉匝道收费站资料进行了统计分析，平均占地为 0.62hm^2（9.3 亩）/座，其中 25 座没有与其他设施合建的匝道收费站的平均占地为 0.4733hm^2（7.1 亩）/座。本次修订综合考虑匝道收费站的功能逐步增强等因素，并根据专家意见，确定匝道收费站管理设施用地指标为 0.6000 hm^2（9 亩）/处。

8.2.3 本条规定主线收费广场的用地指标。修订说明如下：

主线收费广场用地面积采用模型分析计算方法。根据交通量、平均服务时间及服务水平确定收费车道数，再根据收费车道数、收费车道宽度、收费广场长度等参数计算确定收费广场面积。

1. 交通量

收费广场的通行能力必须满足交通量的要求。交通量采用预测期末交通量。修订计算时，换算为设计小时交通量（DHV），由年平均日交通量（AADT）按下式得出：

$$\mathrm{DHV} = \mathrm{AADT} \times K \times D$$

式中：K——设计小时交通量系数，按 0.12 取值；

D——方向不均衡系数，按 0.6 取值。

2. 平均服务时间

服务时间为车辆进出收费站所花的时间，以秒计。服务时间越短，服务水平越高，通行能力越大。根据统计，服务时间服从正态分布。指标修订计算采用的平均服务时间为：入口 6～8s，出口 10～14s。

3. 平均服务水平

平均服务水平用各收费车道平均等待的车辆数表示。在一定交通量条件下，平均等待收费的车辆越少，服务水平越高，但所需要的车道数就越多。指标修订计算采用的平均等候车辆数为 1 辆。

4. 收费车道宽度、收费岛宽度

根据相关规范规定，一般收费车道宽度取为 3.2m，外侧超宽收费车道宽度按 4.0m 取值；收费岛宽度按 2.2m 计。

5. 收费广场长度

原指标编制的计算长度为 80m（高速、一级公路）。通过实际调查和专家研讨,认为原指标取值偏小,根据专家意见,本次修订采用150m。

收费广场进、出口过渡段的渐变率按《高速公路交通工程及沿线设施设计通用规范》(JTG D80—2006)规定的一般值1/7采用。

根据上述参数确定收费广场车道数和收费车道总宽度,通过下式计算收费广场及其过渡段的用地面积:

$$S=[(B_0-W_0)\times(2\times L_0+L_{进}+L_{出})\div 2]\div 10000$$

式中:S——收费广场及过渡段用地指标值(hm^2);

B_0——收费车道总宽度(m);

W_0——主线路基宽度(m);

L_0——收费广场长度(m);

$L_{进}$——进口过渡段长度(m);

$L_{出}$——出口过渡段长度(m)。

指标值(S)中不含主线路基宽度范围内的用地。

第三节 服务设施

8.3.1 本条说明服务设施的分类及其用地指标所包括的内容。根据《高速公路交通工程及沿线设施设计通用规范》(JTG D80—2006)的规定,服务区包括停车场、公共厕所、加油站、车辆维修站、餐饮与小卖部等配套设施;停车区包括停车场、公共厕所、休息长凳等设施。服务设施用地指标中不包括进出服务设施的加减速车道以及公共汽车停靠站等设施的用地面积。

8.3.2 本条规定服务区的用地指标。修订说明如下(停车区与服务区同属服务设施,具有共性,因此一并说明):

1. 服务设施用地主要影响因素

(1)路段交通量

路段交通量越大,对服务设施的需求越大,需要的服务设施场地面积越大,本次修订建立了交通量与服务设施用地面积的关系。

根据调研统计资料，现状服务区路段平均交通量约为25000pcu/d，拥挤或较拥挤的服务区的路段平均交通量约为36000pcu/d，未出现拥挤的服务区路段平均交通量约为20000pcu/d。由于现状服务区的用地面积基本按照原指标的规定进行控制，服务区的用地面积相差不大，因此，这些数据在一定程度上反映了交通量和服务设施占地面积对使用效果（服务水平）的影响情况。

（2）驶入率

驶入率是公路上运行车辆对服务需求的反映，也是服务设施使用状况的反映，通过路段交通量及驶入率可得到服务区需提供服务的驶入车辆数。根据统计资料分析，服务区驶入率平均约为15%。本次修订根据服务区调研统计数据的平均情况确定驶入率，同时考虑随交通量的增加而产生的影响。

（3）车型比例

不同类型的车辆对服务设施的服务面积需求不同。根据统计资料分析，出现拥挤或较拥挤情况的服务区中，大、中、小型车平均比例约为5∶2∶3，同时反映出小型车与中型车两者之间比例比较稳定，一般为6∶4左右。本次修订计算考虑大、中、小型车比例，指标结果只体现控制因素大型车比例。

指标编制计算中，大型车指的是标准小客车当量换算系数为3的车辆，中型车指的是标准小客车当量换算系数为1.5和2.0的车辆。大型车比例为路段交通量自然数的比例。

2. 服务设施用地现状

（1）服务区用地

原指标规定的服务区用地指标为：六车道5.3333hm^2（80亩）/处，四车道4.0hm^2（60亩）/处。根据服务区调研统计资料，数据较合理的服务区资料样本有464座，其中约33%的服务区，大多数在使用年限不到10年的情况下，其停车场的使用现状为拥挤或较拥挤。同时，调研统计的数据显示，绝大多数服务区用地面积符合原指标的规定，服务区用地面积不足的现象已经非常突出。

(2)停车区用地

从统计的停车区数据来看,其用地全部符合原指标的规定,拥挤或较拥挤的比例没有服务区高。根据调研和专家研讨的情况看,停车区面积指标也存在不足,但没有服务区突出。

3. 服务设施用地指标修订编制

(1)修订方法

服务设施用地面积以模型分析计算为主,参数选取采用理论分析与调查资料统计分析相结合的方式。首先按照紧凑模式拟定服务设施模型,明确服务设施各组成部分;然后根据相关规定,考虑各组成部分与交通量及其车型构成的关系;在此基础上,计算出服务设施中最主要的停车场、公共厕所、餐厅的面积;再根据这三部分面积确定其他设施面积,从而得出总用地面积;最后综合确定服务设施用地指标。

依据《公路工程技术标准》(JTG B01—2003)的规定,当一、二级公路作为干线公路时应采用 B 级服务设施,宜设置服务区和停车区,故修订也对作为干线公路的一、二级公路服务设施用地指标进行了计算。

(2)服务设施内部的设施组成

服务设施内部的设施考虑满足公路驾乘人员的基本服务需要进行配置。服务区设置停车场、公共厕所、加油站、车辆维修站、餐饮与小卖部等设施;停车区设置停车场、公共厕所、休息凳椅等设施。服务区内设施组成如图 8-1 所示(停车区内设施组成相似,但设施项目少)。

(3)停车场用地面积

停车场是服务设施中最主要的体现服务功能的设施,同时也是用地比重最大的设施。

①计算公式

$$S_{停车场} = \sum_{i=1}^{3} Q \times \mu_i \times \gamma_i \times G_i \times \alpha_i \times S_i \times (1 + \theta_i) \times Z_i \div 60$$

式中：$S_{停车场}$——停车场面积(m^2)；

i——大、中、小型车类别编号；

Q——路段交通量，自然数(辆/d)；

μ_i——第 i 类车驶入率(%)；

γ_i——第 i 类车所占比例(%)；

G_i——第 i 类车高峰小时比率(%)；

α_i——第 i 类车假日不均匀系数；

S_i——第 i 类车单位停车面积(m^2/辆)；

θ_i——功能分隔带、贯穿车道、转移车道及车位边角等非停车面积所占比例(%)；

Z_i——第 i 类车平均停车时间(min)。

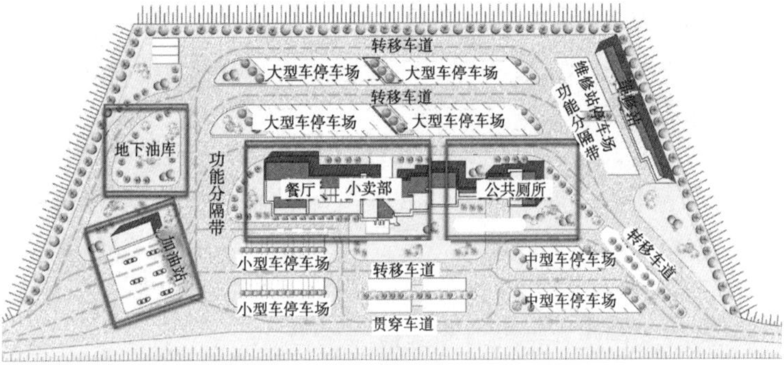

图 8-1　服务区内设施组成示意图

②路段交通量及车型比例

服务设施用地面积与多种因素有关，其中，交通量及其车型构成比例是最重要的影响因素。经综合分析考虑，服务设施用地指标按与公路技术等级、车道数相关的适应交通量典型区间范围和大型车比例两个参数条件在条文中编列，其中，大型车比例条件低值为“≤10%”，高值为“>40%”。

编制计算用地指标时，分别选取大型车比例为 10%、20%、30%、40%、60% 作为计算点，其中选择 60% 计算点，是为了使“>40%”条件符合 41%~100% 比例值区间的多数情况。

根据调研资料和调查数据，小型车与中型车比例比较稳定，一般接近6∶4，因此，在扣除大型车交通量之后余下的交通量中，小型车和中型车交通量分别占60%和40%。

③驶入率

根据调研资料和调查数据，服务区功能比较多，车辆驶入率受到路段交通量及大型车比例变化的一定影响，因此，小、中、大型车分别在20%～30%、5%～10%、12%～15%区间取值；停车区功能比较简单，车辆驶入率受到路段交通量及大型车比例变化的影响较小，因此，小、中、大型车分别按15%、4%、12%固定取值。

④平均停车时间

按服务区调研统计数据中非拥挤服务区平均值计，高速公路服务区取小型车20min，中型车30min，大型车120min，停车区取小型车15min，中型车20min，大型车30min；一、二级公路服务区取小型车10min，中型车20min，大型车45min，停车区取小型车10min，中型车15min，大型车20min。

⑤高峰小时系数及假日不均匀系数

高峰小时系数考虑交通量变化影响按9%～10%选取；小、中、大型车的假日不均匀系数分别按1.2、1.1及1.0计。

⑥各车型单位停车面积

计算采用的车辆外廓尺寸主要依据《公路工程技术标准》(JTG B01—2003)的规定，具体采用尺寸见表8-1。

表8-1　车辆外廓尺寸(m)

车辆类型	总长	总宽	总高	前悬	轴距	后悬	最小转弯半径
小型车	6	1.8	2	0.8	3.8	1.4	6
中型车	12	2.5	4	1.5	6.5	4	12
大型车	16	2.5	4	1.2	12.8	2	12

停车车位还需保留适当间隔，以满足上下车及开关车门取物的需要，计算采用的数值见表8-2。

表 8-2　车辆停车间隔(m)

车 辆 类 型	车 长 方 向	车 宽 方 向
小型车	0.3	0.8
中型车	0.7	0.75
大型车	1	0.75

停车位布置时,必须根据停车方式保证停车的宽度。修订按常用角度分析了停车车位布置方案,并计算分析了含停车间隔在内的单位车辆综合停车面积,最终按小、中、大型车的停车角度分别为 60°、45°、30°计算,结果见表 8-3。

表 8-3　各车型的单位车辆停车面积(m^2)

车辆类型	停车角度	车道宽	与车道垂直方向停车长度	与车道平行方向停车宽度	单位停车宽度	停车面积
	°	m	m	m	m	m^2
小型车	90	9	6.3	2.6	21.60	28.08
	60	6	7.15	2.90	20.30	29.43
	45	5	6.77	4.50	18.53	41.70
	30	4.5	6.00	6.50	16.50	53.63
中型车	45	11	12.90	3.75	18.40	69.00
大型车	30	6	14.50	8.67	17.50	151.67
	平行	6	3.50	25.50	6.50	165.75

⑦功能分隔带、贯穿车道、转移车道及车位边角面积

为提高停车场使用效率,避免交通混乱造成的拥挤,服务区的停车场往往采用客货车场分离的方式;同时在服务区内还必须设置一些不同功能区的分隔带;因多数停车场的车位是按一定角度设置的,因此在每个车位端部常常会有一部分面积闲置,无法停车;另外,停车场内必须设置贯穿车道和必要的转移车道以便车辆驶入和驶出。这些在正常情况下无法停车的部分称为非停车面积,也应在服务设施停车场面积中考虑,修订按如下参数进行计算:

当适应交通量为低限时，八、六、四车道服务区按停车场车位面积的35%、50%、55%计算非停车面积；当适应交通量为高限时，立足于节约用地，考虑服务水平会有所降低，部分车辆因拥挤，在不过大影响他人时，会停在未设置停车位的地方，服务设施内车辆密度会增加，非停车面积相对变小，因此，按车位面积的25%、30%、45%计算八、六、四车道服务区非停车面积。

停车区统一按20%计算非车位面积。

⑧停车场面积计算结果见表8-4、表8-5。

表8-4　服务区停车场用地面积(hm^2)

公路技术等级	车道数	路段交通量 Q (pcu/d)	大型车比例 μ(%)				
			10	20	30	40	60
高速公路	八	90000	6.1628	7.7878	8.5061	9.6942	10.5695
		80000	5.6747	7.6101	8.3414	9.4086	10.2676
	六	80000	5.5852	7.1184	7.8828	8.9838	9.7950
		60000	4.7262	6.3381	6.9472	7.8360	8.5515
	四	55000	4.3682	5.5200	6.0292	6.8713	7.4661
		40000	3.6786	4.9331	5.4072	6.0990	6.6333
一级公路	六	55000	2.1661	2.8533	3.4437	4.0216	4.5319
	四	30000	1.1815	1.5564	1.8784	2.1936	2.4719
二级公路	二	15000	0.5907	0.7782	0.9392	1.0968	1.2360

表8-5　停车区停车场用地面积(hm^2)

公路技术等级	车道数	路段交通量 Q (pcu/d)	大型车比例 μ(%)				
			10	20	30	40	60
高速公路	八	90000	1.8768	2.2018	2.4691	2.6650	2.9793
		80000	1.7948	2.1056	2.3613	2.5486	2.8491
	六	80000	1.7350	2.0355	2.2826	2.4637	2.7542
		60000	1.5030	1.7633	1.9774	2.1343	2.3860
	四	55000	1.3461	1.5792	1.7710	1.9115	2.1369
		40000	1.1273	1.3225	1.4831	1.6007	1.7895

续表 8-5

公路技术等级	车道数	路段交通量 Q (pcu/d)	大型车比例 μ(%)				
			10	20	30	40	60
一级公路	六	55000	1.0760	1.1874	1.2830	1.3461	1.4537
	四	30000	0.5869	0.6477	0.6998	0.7342	0.7930
二级公路	二	15000	0.2935	0.3238	0.3499	0.3671	0.3965

(4)公共厕所用地面积

公共厕所也是必不可少的服务功能设施。据相关资料统计，80%进入服务设施的人会如厕,这些人在如厕后会有一定比例的人产生其他需求,因此公共厕所面积也可以作为确定其他一些设施面积的基数。

①计算公式

$$S_{厕所} = \omega + (1 - W) \times \sum_{i=1}^{3} Q \times \mu_i \times G_i \times \gamma_i \times \alpha_i \times K_i \times F \times \delta_i / 60$$

$$F = F_{md} \times N_{md} \times T_{md} + F_{mx} \times N_{mx} \times T_{mx} + F_w \times N_w \times T_w$$

式中:$S_{厕所}$——公共厕所的用地面积(m^2);

ω——洗手池、清洗池、管理间、工具间、化粪池等配套面积(m^2);

W——如厕等候率(%);

K_i——第 i 类车平均载客量(人/辆);

F_{md}——大便男乘客占如厕乘客比例(%);

N_{md}——男乘客单位大便蹲位面积(m^2/人);

T_{md}——男乘客单位大便时间(min);

F_{mx}——小便男乘客占如厕乘客比例(%);

N_{mx}——男乘客单位小便如厕面积(m^2/人);

T_{mx}——男乘客单位小便时间(min);

F_w——女乘客占所有乘客比例(%);

N_w——女乘客单位如厕面积(m^2/人);

T_w——女乘客单位如厕时间(min);

δ_i——进入服务区的乘客如厕率(%);

其他参数见前面停车场面积计算。

②单人如厕面积及配套面积

根据《城市公共厕所设计标准》(CJJ 14—2005)的规定,“商业区、重要公共设施、重要交通客运设施,公共绿地及其他环境要求高的区域应设置一类公共厕所”,因此,采用一类厕所标准计算。计算得出单人如厕面积见表8-6,配套面积见表8-7。

表8-6 公共厕所单位设施面积计算表

类型		总长(m)	总宽(m)	面积(m^2)	备注
大便位	单排厕	3.1	1.2	3.72	男
	双排厕	2.85	1.2	3.42	女
小便位	单排厕	2.35	1.1	2.59	男
	双排厕	2.1	1.1	2.31	女
洗手盆	—	0.6	1.2	0.72	男女分开

表8-7 公共厕所配套设施面积(m^2)

配套设施名称	清洁池	管理间	工具间	化粪池	贮粪池
配套面积	4	10	2	70	35

③如厕率及等候率

根据调查观测及相关资料,如厕率一般为80%左右,本次修订服务区按75%~85%计算,停车区按80%~85%计算。

为避免使用前期用地面积的浪费,修订计算考虑了等候率参数。当适应交通量为低限时,按满足70%的如厕者立即使用的需求,其他如厕者需排队等候;当适应交通量为高限时,则有50%的如厕者需进行排队等候。

④平均载客量及如厕时间

平均载客量按小型车3人、中大型客车13人、大型车2人计算;如厕时间按男性大便5min、小便0.5min;女性大便5min、小便2min计算。男女比例按1∶1计算,大小便比例按1∶4计算。

⑤按上述计算得出公共厕所本身面积后,再按7%~13%考虑与其他设施的功能分隔带等用地面积。

最后计算得出的公共厕所用地面积见表8-8、表8-9。

表8-8 服务区公共厕所面积(hm²)

公路技术等级	车道数	路段交通量Q (pcu/d)	大型车比例μ(%)				
			10	20	30	40	60
高速公路	八	90000	0.0446	0.0386	0.0297	0.0275	0.0228
		80000	0.0306	0.0275	0.0283	0.0260	0.0221
	六	80000	0.0414	0.0360	0.0288	0.0268	0.0224
		60000	0.0272	0.0248	0.0255	0.0236	0.0206
	四	55000	0.0345	0.0306	0.0248	0.0234	0.0201
		40000	0.0233	0.0216	0.0221	0.0207	0.0184
一级公路	六	55000	0.0267	0.0214	0.0196	0.0183	0.0165
	四	30000	0.0201	0.0171	0.0162	0.0155	0.0145
二级公路	二	15000	0.0161	0.0146	0.0141	0.0138	0.0133

表8-9 停车区公共厕所面积(hm²)

公路技术等级	车道数	路段交通量Q (pcu/d)	大型车比例μ(%)				
			10	20	30	40	60
高速公路	八	90000	0.0272	0.0248	0.0228	0.0213	0.0190
		80000	0.0248	0.0229	0.0214	0.0202	0.0184
	六	80000	0.0262	0.0240	0.0223	0.0209	0.0188
		60000	0.0226	0.0211	0.0200	0.0191	0.0177
	四	55000	0.0230	0.0214	0.0202	0.0192	0.0177
		40000	0.0205	0.0194	0.0186	0.0179	0.0168
一级公路	六	55000	0.0200	0.0187	0.0176	0.0167	0.0154
	四	30000	0.0164	0.0157	0.0151	0.0146	0.0139
二级公路	二	15000	0.0143	0.0139	0.0136	0.0134	0.0130

(5)餐厅用地面积

餐厅也是重要的服务功能设施,只在服务区中计算其用地。

①计算公式

$$S_{餐厅} = \omega + (1 - W) \times \sum_{i=1}^{3} Q \times \mu_i \times G_i \times \gamma_i \times \alpha_i \times K_i \times \beta_i \times M \times T/60$$

式中：$S_{餐厅}$——餐厅的用地面积(m^2)；

ω——门厅、过厅、洗手间、收款处等公用部分的面积(m^2)；

W——就餐等候率(%)；

β_i——第 i 类汽车乘客就餐率(%)；

M——单人就餐面积(m^2/人)；

T——平均就餐时间(min)；

其他参数见前面停车场及公共厕所计算。

②计算参数

根据《饮食建筑设计规范》(JGJ 64—1989)相关规定，按三级餐馆计算，餐厨比采用1∶1.1，同时考虑有排队等候休息区面积。

餐厅公用部分面积计算结果见表8-10。

表8-10　餐厅公用部分面积(m^2)

类　型	总长(m)	总宽(m)	面积(m^2)
门厅	5	5	25.00
过厅	3	2.5	7.50
洗手间	—	—	20.99
收款处	4	1.5	6.00
饭票出售处	4	1.5	6.00

乘客就餐率按小型车10%、中型车5%、大型车15%计算；根据交通量情况，按25%～40%计算等候率；就餐时间按30min计算。

③按上述计算得出餐厅本身面积后，再按7%～13%考虑与其他设施的功能分隔带等用地面积。

最后计算得出的餐厅用地面积见表8-11。

(6)其他设施用地面积

加油站：根据《汽车加油加气站设计与施工规范》(GB 50156—2002)(2006年版)规定和专家咨询意见，统一按4000m^2计，同时按7%～13%计入与其他建筑物或设施的功能分隔带用地面积；

小卖部：高速公路按餐厅面积的10%计算，一级公路按20%计算；

修理站：高速公路按停车场面积的0.5%计算，一级公路按2%计算。

表8-11　服务区餐厅面积（hm^2）

公路技术等级	车道数	路段交通量Q（pcu/d）	大型车比例μ（%）				
			10	20	30	40	60
高速公路	八	90000	0.1447	0.1252	0.1024	0.0946	0.0767
		80000	0.1352	0.1195	0.1204	0.1079	0.0889
	六	80000	0.1308	0.1141	0.0973	0.0901	0.0737
		60000	0.1179	0.1049	0.1057	0.0953	0.0796
	四	55000	0.1252	0.1093	0.0907	0.0843	0.0685
		40000	0.0938	0.0843	0.0848	0.0772	0.0646
一级公路	六	55000	0.1014	0.0982	0.0877	0.0786	0.0681
	四	30000	0.0672	0.0655	0.0597	0.0548	0.0490
二级公路	二	15000	0.0467	0.0458	0.0429	0.0405	0.0376

（7）服务设施用地指标

通过上述计算得出服务设施计算总面积，再结合各级公路各种车道数所对应的适应交通量范围，经适当平衡、调整和取整，确定服务设施用地指标。为方便宏观管理使用，在计算确定的全部服务设施用地指标中，选定各级公路各种车道数一般条件（即按车道数可承载的通常交通量和大型车比例）下的用地指标作为基准值（见正式条文中的表8.3.2-1和表8.3.3-1）；其他条件（不同的交通量和大型车比例）下的服务设施用地指标，通过换算的调整系数（见正式条文中的表8.3.2-2和表8.3.3-2），乘以基准值计算得到。

8.3.3　本条规定停车区的用地指标。修订说明见上述第8.3.2条说明。

8.3.4 本条规定了服务设施进出口加减速车道用地指标。

服务设施进出口加减速车道宽度按 8.5m 计，平原区按平均填土高度 2m、边坡坡率 1∶1.5 计；微丘区按平均填土高度 2.5m、边坡坡率 1∶1.5 计；山岭重丘区按平均填土高度 4m、边坡坡率1∶1 计；加减速车道总长度按 2.5km（双侧）计，计算得出用地指标为：平原区 3.4hm^2/处，微丘、山岭重丘区 4.0hm^2/处。

8.3.5 本条规定当需要与服务区同址合建公共汽车停靠站、长途汽车站、物流中心、公路治理超限超载站或联合执法站等设施时，用地指标的计算方法。

8.3.6 本条规定如服务设施实际需要承担重大灾害发生时的应急保障等功能时，可以适当增加面积。

第四节　监控通信设施

8.4.1 本条规定监控通信设施用地指标所包括的设施类别。

8.4.2 本条对省监控通信中心用地面积的确定方式进行规定。

省监控通信中心各省具有唯一性，所以规定经主管部门（一般是省政府相关部门）批准后按实际设计计算。省监控通信中心和省管理中心具有部分同质性，因此提出尽可能合并设置。

8.4.3 本条规定路段监控通信分中心、路段监控通信站和和桥隧监控通信站的用地指标。

监控通信设施主要在高速公路上设置。由于监控通信设施往往与其他设施合建，搜集的资料没有此设施专项用地情况，通过调研及问卷调查，多数认为原指标基本合理，因此，本次修订只进行了微小的调整。

根据《高速公路交通工程及沿线设施设计通用规范》（JTG D80—2006），以及调研和专家意见，本次修订增加了桥隧监控通信站的用地指标。桥隧监控通信站根据实际需要设置在特大桥、隧道处，负责交通安全监控、检测等。

8.4.4 从节约用地出发，监控通信设施宜与相关管理设施合并建设,特别是路段监控通信分中心与路段管理中心具有部分同质性,应尽可能合并设置。

当两种设施单独设置的用地面积相差不大时,合并设置的用地面积可按单独设置用地面积之和的70% ~80%确定;当两种设施单独设置的用地面积相差较大时,合并设置的较大设施的用地面积可不变,较小设施的用地面积可按60% ~70%计入。

8.4.5 在有条件情况下,多座桥梁或隧道宜合并设置桥隧监控通信站,或桥隧监控通信站与路段监控通信站合并设置,以节约用地。合并设置的用地面积可参照第8.4.4条的说明确定。

第五节 养护设施

8.5.1 本条说明了养护设施的分类及其适用情况。

8.5.2 本条规定了养护工区和道班房的用地指标。修订说明如下:

本次修订共搜集到17处养护工区资料,经统计分析,平均占地约1.5590hm^2(23.388亩)/处,其中,高速公路养护工区共9处,平均占地约1.9hm^2(28亩)/处,原指标规定的最大面积1.0hm^2(15亩)/处偏小。

本次修订主要依据搜集资料统计情况对原指标进行修正。

本次修订共搜集到9处道班房资料,经统计分析,每处平均占地约0.44hm^2(6.6亩),但离散度较大,最大约1.6hm^2(24亩),最小0.0670hm^2(1亩),从数值看原指标规定的每处0.3~0.5hm^2(4.5~7.5亩)偏小。

基于统计分析结果及调研情况,考虑部分公路的道班房承担养护工区的功能,且现在很多项目只建设一个道班房,因此本次修订适当调整增加了指标值。

8.5.3 本条规定桥隧养护管理站和桥隧变电站的用地指标。

桥隧养护管理站和变电站是随着近年来越来越多特大桥(特别是跨海大桥)、隧道(特别是偏远山区隧道)的修建而产生的养护管理方面新的需求。当设置桥隧养护管理站时，一般包含变电房等设施；如果不设桥隧养护管理站，则可能需要单独设桥隧变电站。

8.5.4 从节约用地出发，在有条件情况下，养护工区也应尽可能合并建设。合并设置的用地面积可参照第8.4.4条的说明确定。

桥隧养护管理站与桥隧监控通信站具有部分同质性，从节约用地出发，宜尽可能合并建设，合并设置的用地面积可参照第8.4.4条的说明确定。

8.5.5 本条对北方积雪冰冻地区的养护设施用地指标调整作出规定。

第六节 其 他

8.6.1 本条对设置公路治理超限超载站的用地指标进行规定，修订提出的指标值根据搜集到的图纸资料及专家咨询意见确定。

8.6.2 对于本章没有列出而实际项目必须设置的公路设施，可根据需要并经相关主管部门批准后设置，增加相应的用地面积。

第九章　用地指标的调整

9.0.1　公路通过软土、沼泽地区,需要进行地基处治,以提高地基强度,使路基施工完成后的沉降符合要求,从而保证路基的稳定性。但对公路软土地基的处治方案很多,不同的项目变化很大。当经过设计验算及地基加固方案论证后,必须设置反压护道时,应按设计增加用地面积。

9.0.2　公路通过地震动峰值加速度大于或等于 0.10g 的地区,即以前规范规定的地震烈度大于或等于 7 度地区,当下卧地基为可液化土时,也需要进行地基处治,不同地区、不同液化土性质,其处治方案变化很大。因此,经对路基稳定性进行验算后,确定需要加固地基时,按所设计的地基加固处理范围计算用地面积,其超过公路路基用地指标的部分,应按设计增加用地面积。

9.0.3　公路通过滑坡、崩坍、岩堆和泥石流地区,只在部分山区地质条件较差的情况下才出现,公路一般应尽量避让,当必须通过时,需进行特殊路基整治设计,其用地面积应按所确定的工程范围计算,超过公路路基用地指标的部分,按设计增加用地面积。

9.0.4　多年冻土地区修筑公路常见的病害为路基热融滑塌和热融沉陷。为防止热融滑塌的发生而危及路基的稳定,要求取土坑与路堤坡脚间设置天然护道,天然护道宽度一般不得小于 20m。

多年冻土地区,路堤基底沉降是个突出问题。造成沉降的原因,除路堤基底以下地层的固结压密外,还包括侧向水流的渗入,这会改变土的热物理性质,造成多年冻土上限下降,形成路基热融沉陷。为解决侧向水流的渗入,一般在地势较高的路基侧的天然护道外缘设置挡水埝,挡水埝顶宽和高度均不小于 1.0m。

由于路堤基底以下季节融化层的固结压密,多年冻土天然上限将下降,使多年冻土融化层发生固结沉降,由此形成较长的沉降变形过程,容易导致路面过早的变形破坏。因此,多年冻土地区的路基原则上应按保护冻土设计，即修筑公路后形成多年冻土人为上限，并使其处于天然上限以上，使路堤基底沉降局限于季节融化层中，其路基高度如同在季节冰冻地区一样，需考虑防治冻胀、防止翻浆的要求，设计需要考虑路面的吸热和散热特性。

因此，多年冻土地区公路，除需要根据多年冻土本身特性采取措施外，还要结合路面的种类和特性，进行路基设计。我国的多年冻土地区在青藏高原和东北兴安岭都有，多年冻土地区公路设计方案变化较大，应按设计计算用地面积，超过公路路基用地指标的部分，增加相应用地。

9.0.5 高速、一级、二级等高等级公路，通过强膨胀土或中等膨胀土地段时，必须考虑路基的强度和稳定性，对膨胀土进行处理，并按实际需要增加用地。对于1m及以下的低路堤，处理膨胀土一般采取的措施是换填为非膨胀土，需要从非膨胀土地点借土，同时将膨胀土换出弃置，因此，需要一定的取、弃土用地。

9.0.6 盐渍土地区路基最小高度主要由盐渍土的类型及盐渍化程度确定，路基最小高度较一般地区路基高。强盐渍土地段路堤边坡坡率亦较一般地区路基缓。实际项目应根据对盐渍土的处治设计，按盐渍土地区路基最小高度与一般地区路基最小高度的差值及路堤边坡坡率的差值，根据不同公路技术等级、不同路基土类计算调整用地面积。

9.0.7 涎流冰影响公路路基的稳定性，造成路面破坏，严重的直接阻断车辆通行。应根据当地地形、气象、涎流冰的水源、类型、规模、危害情况，结合路线位置，确定路基高度及设置防护设施，并据以确定用地面积，按设计相应增加需要的用地面积。

9.0.8 防灾设施的用地面积在修订编制本建设用地指标时难以考虑，但近年出现的灾害逐渐反映出公路（特别是高速公路）设置防灾设施的重要性，因此本条说明需要设置时的解决办法。

9.0.9 公路工程项目经技术经济论证确定必须设置取土场时，取土场用地应结合项目类别、公路技术等级、地形条件、借方数量、场地的宽窄深浅等情况计算确定。如能恢复使用的，则作为临时用地，按国家有关规定进行复垦，恢复使用；如确实不能恢复使用的，在用地表中单独计列，报有关部门审批。

9.0.10 公路工程项目经技术经济论证确定必须设置弃土场时，弃土场用地应结合项目类别、公路技术等级、地形条件、弃方数量、场地的宽窄深浅等情况计算确定。弃土场形成后，如能改造为可利用的土地时，则作为临时用地；如确实不能改造的，在用地表中单独计列，报有关部门审批。

9.0.11 公路工程项目建设是一个比较复杂的过程，需要经历多个阶段，与自然条件、社会环境和人民的生产、生活密切相关，公路工程所包括的路线、路基、桥梁、隧道、交叉和沿线设施等分项工程的影响因素也很多，因此，公路工程项目建设用地的确定是一个从粗到细、从总体控制到分项落实的过程。公路工程项目建设用地总指标经审查批准后，据此进行总体控制，各分项工程应进一步细化设计，并经过工程实施，最终准确确定用地面积，其间允许各分项工程根据实际需要，在总指标的控制下，适当调配，以适应公路工程项目建设的实际情况。

9.0.12 公路工程项目涉及用地界外的改路、改河、改沟、改渠、改移输电和通信线路以及专业管道的用地和拆迁还建补偿用地时，由于改移后的这些设施一般不归公路工程项目所有或管理使用，因此，其用地面积按实际需要单独计列，并在设计说明中予以专门叙述，报有关部门审批。公路建成后，这些设施及其占用的土地将移交给相关部门或人员使用管理。